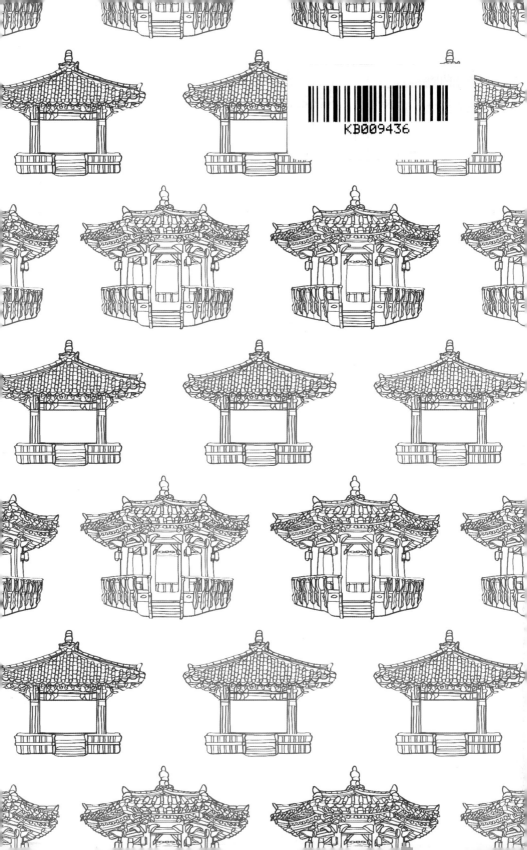

KB009436

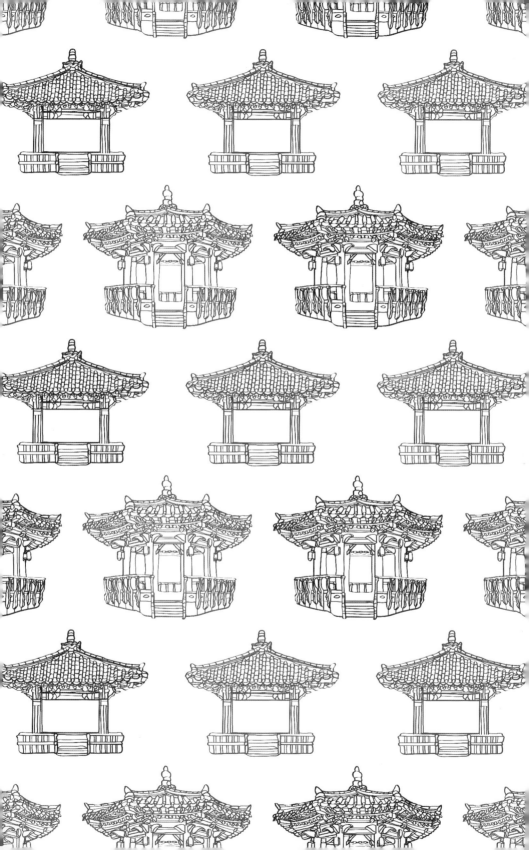

전주 한옥마을 다시보기 2

전주
한옥마을
다시보기 2

1판 1쇄 펴낸날 2019년 7월 20일

글 이종근
사진 오세림

펴낸이 서채윤 펴낸곳 채륜서
책만듦이 김승민 책꾸밈이 이한희

등록 2011년 9월 5일(제2011-43호)
주소 서울시 광진구 자양로 214, 2층(구의동)
대표전화 1811.1488 팩스 02.6442.9442
E-mail book@chaeryun.com Homepage www.chaeryun.com

책값은 뒤표지에 있습니다.
ISBN 979-11-85401-43-0 04910
ISBN 979-11-85401-23-2 (세트)

이 도서의 국립중앙도서관 출판예정도서목록(CIP)은 서지정보유통지원시스템 홈페이지 (http://seoji.nl.go.kr)와 국
가자료공동목록시스템(http://www.nl.go.kr/kolisnet)에서 이용하실 수 있습니다. (CIP제어번호 : CIP2019024490)

채륜서(인문), 앤길(사회), 띠움(예술)은 채륜(학술)에 뿌리를 두고 자란 가지입니다.
물과 햇빛이 되어주시면 편하게 쉴 수 있는 그늘을 만들어 드리겠습니다.

2

글 이종근
사진 오세림

전주 한옥마을 다시보기

남문의 완산 종소리
은은하게 울려 퍼지는 오늘이소서
내일이소서

*채륜서

한옥마을은 건물의 외형보단
마음을 읽는 데가 출발점

전주 한옥마을은 이제 국민관광지이며, 일본 여성들이 가장 많이 찾고 싶은 국내 제일의 관광도시입니다. 바로 얼마 전에는 국내 여행지순위에서 1위를 차지하는 기염을 토하고 있는 등 연간 1,000만 명이 찾는 부동의 내륙 관광 1번지로 자리를 굳히고 있지만 빈약한 문화콘텐츠에 대한 비판도 적지 않습니다.

우울한 얘기로 들릴지는 모르지만, 한옥마을을 한 번 다녀간 관광객은 '두 번은 올 곳이 못된다'고 손사래 치고 있기도 합니다. 전통문화 기반이 빈약한데다 바가지 상혼과 토종 먹거리가 발붙이지 못하게 하는 등 허접한 콘텐츠 때문같습니다.

더욱이 전주 경기전과 어진박물관, 학인당 등을 제외하면 문화재 활용도가 거의 전무하다시피해 관광객 및 전주시민에게 충분한 볼거리를 제공하지 못하고 있지 않나요. 조선 태조 어진은 진본이 아니어서 생생함이 떨어지고, 풍남문은 해태가 건물 안에 자리하고 있지만 언제나 문이 닫혀 있어 볼 수가 없는 현실이기 때문입니다.

전동성당사제관은 수원 방화수류정과 함께 '십+'자형 전통 꽃담을 볼 수 있는 곳이지만 홍보가 안돼 그냥 스쳐 지나가기가 일쑤입니다. 또, 오목대는 건물 앞에 빨간 소화기가 그대로 드러나 관람의 효과를 반감시키고 있는가 하면 전주 풍패지관(객사) 주변은 쓰레기 더미로 인해 정비가 필요해 보입니다.

한국은 물론 지역의 정체성을 대표하는 역사적 산물임에도 불구, 내재된 고유의 가치와 의미를 새롭게 발견하고 재창조하는 과정이 결여된 만큼 전주시 차원의 대책 마련이 절실합니다.

일례로, 전동성당은 영화 〈약속〉 촬영 당시 박신양과 전도연이 결혼식을 올리면서 반지를 주고받은 연인들의 언약의 장소로, 혼례식의 장소로 사용해 봄직합니다.

이와 함께 경기전 앞 하마비 앞에서는 사자 그려보기, 전동성당사제관에서는 십+자 꽃담 만들어보기, 경기전 진전의 거북이 탑본해보기, 전주 풍패지관 앞에서는 붓글씨 써보기, 중국인 포목 상점과 관련해서는 좋은 옷 고르는 방법 배워보기, 오목대에서는 황산대첩 재현 행사 등을 가져보면 어떨까요.

저는 대학교 시절 전주향교 동재에서 다람쥐들과 발을 맞추며 한문 공부를 했습니다. 이때 본 사람이 금재 최병심 선생의 문하생 엄명섭옹이었습니다. 또 오늘날 뜨고 있는 승암마을의 친구 자취집에서 소주잔을 기울였는가 하면 한옥마을이 아닌, 초창기의 고전문학번역원(민추) 전주분원에서 어렵사리 은사인 김성환 교수께 한문을 배웠습니다. 하지만 이제는 한옥마을에 자리를 하고 있어 또랑또랑한 글 읽는 소리가 나오고 있으니 얼마나 다행입니까.

또, 1990년 초에 금재를 모신 옥동사와 그의 묘를 돌아보았으며, 문화부 초임 기자 때는 옥류동에서 명필 이삼만이 쓴 것으로 전해지는 암각서를 불도저로 걷어내는 작업에 참여하면서 땅속의 글씨를 보았습니다.

어느 가을날, 경기전에서 낙엽을 밟으면서 백일장에 나아가 산문으로 가작을 수상한 날이 새록새록 떠오르는 오늘입니다.

그리고 대문을 열어주지 않는 승광재 옆 최부잣집을 여러 차례 들어가 며느리의 이름이 유모니카라는 사실도 알게 됐으며, 전동성당의 종과 풍남문, 조경묘 등은 개방이 안되는데도 불구하고 참 어렵게 들어갈 수 있었습니다. 그리고 전킨 선교사의 묘가 예수병원 선교사 묘역에 있다는 것을 알고 찾아가 십자성호를 긋기도 했습니다.

어디 그뿐이던가요. 문창시절인 1980년대엔 매년 경기전의 백일장에 참여해 문학강연을 듣고 한 차례 상을 받기도 했으며, 1997년 11월엔 투병중인 소설가 최명희를 만나 전북대 삼성문화관 2층 쏘렌토에서 차를 한잔 하면서 애지중지 아끼던 만년필로 사인을 받기도 했습니다. 전북예술회관 예藝다방서 언젠가는 탁광선생을 만나 《전북영화이면사》를 선물받고 1950년대의 전주는 한국 영화의 메카로 자리한 곳이라는 사실을 알게 됐는가 하면 2015년 작고한 하반영 화백은 장인과 눈이 펑펑내리던 날, 미원탑 인근에서 술잔을 기울였으므로 저에게 "자네가 내 아들과 다르지 않네"라는 말을 종종 듣곤 했습니다.

매년 두 차례에 걸쳐 전주향교에서 열리는 공자의 제사(석전대제)에 참여하기도 했으며, 친구 안교준이 한문을 배웠던 엄해주 선생(금재 최병심으로부터 한학을 배운 엄명섭의 아들)이 서당에서 글 읽는 소리가 지금도 귓전을 울립니다. 또 몇해 전 별세한 풍남문지기 정종실 씨의 모습도 잊혀지지 않고 있습니다.

《전주 천변 이야기》를 펴낸 전 전주문화원 송영상 부원장의 옛이야기 등은 물론이거니와 고인이 된 작촌 조병희, 유장우, 조규화, 이복수, 전영환, 이기반 씨 등과 생존해 지금도 활동하고 있는 선화작가 은금상을 비롯, 이인철, 이치백, 최승범, 김남곤, 서재균, 이용엽, 김진돈, 신정일씨 등 무수히 많은 사람들의 이야기를 들어오면서 그렇게 지낸 지 30여 년의 세월을 거쳐 이제야 한옥마을 책자를 발간하게 됐습니다.

그동안 5,000여 회에 걸쳐 한옥마을을 방문하고, 또 전주 관련 책자 거의 모두를 모두 구비한 가운데 무수히 많은 사람들을 만난 결과, 한 번도 거의 소개되지 않은 한옥마을의 종, 꽃담, 효자, 다리, 하마비, 우물(어정), 장독대, 굴뚝, 금표, 땅이름, 종교, 문화재, 나무 이야기, 부르지 않는 전주의 노래, 호남제일성의 고누, 바위, 풍수, 문학, 영화, 비석, 실개천 등 콘텐츠를 통해 전주의 역사와 교훈, 그리고 오늘날 어떤 의미를 지닌가에 초점을 두어 생명력과 가치를 더했으며, 해외번역 출판을 염두에 두고 책을 기획했습니다.

양동이나 하회마을은 역사성에 기반을 두어 나름의 성공을 거뒀지만 전주 한옥마을은 이미지만을 생산하고 소비할 수밖에 없는 곳이라고 곧잘 말합니다.

전통 찻집 다문의 박시도 대표는 장사가 안 돼 영업을 계속해야 할지 고민 중이라고 합니다. 꼬치를 굽은 연기가 집으로 차고도 넘쳐 평온한 일상을 할 수 없다고 항변합니다.

20여 년 동안 문화전문 기자로 활동하면서 보고, 듣고, 느끼고 체험한 이곳이 참 많이 변했습니다. 이 책 한 권을 어렵지 않게, 누구라도 가볍게 보면서 이제, 전주 한옥마을은 외관과 이미지만 있을 뿐 스토리가 없다는 말을 듣지 않는다면 얼마나 좋을까요?

발품을 팔고 책자를 보고 또 오류를 바로잡은 가운데 칙칙한 냄새가 나지 않도록 일례로 이삼만과 장독대 등 한옥마을이 오늘날에 갖는 의미를 다뤘습니다.

원래 전라감영 자리, 전주부의 자리가 지금은 어디인가, 왜 효자동인가, 다가공원의 비석은 언제 지금의 자리로 옮겼는가, 또 바로 옆 천양정의 주련에 걸린 15개를 번역, 한글로 소개하는 등 나름대로 노력한 덕분에 복원이 상당 부문 완료됐습니다.

지금 복원중인 전라감영의 핵심 건물 가운데 처음으로 공개되기도 합니다. 전킨 선교사와 금재 최병심 묘소 등을 수시로 찾아간 가운데 한옥마을의 완산종, 전동성당, 서문교회, 낙수정 동종, 남고모종 등 종 스토리를 처음으로 공개합니다.

한옥마을의 가장 오래된 종은 1915년에 만든 전동성당의 종, 가장 오래된 샘은 학인당의 것으로, 250여 년의 역사를 자랑하며, 가장 오래된 굴뚝은 1926년에 만든 전동성당사제관이며, 전동성당 입구의 천주교 전동교회의 문패는 백담 백종희 선생이 1985년 해성중학교 3학년 재학 중에 썼다는 사실을 알게 됐습니다.

그리고 《전주 한옥마을 다시보기 2》는 전주 한옥마을을 재미있게 즐길 수 있는 콘텐츠로 엮어 졌습니다. 김승수 전주시장이 마음을 듬뿍 담아 추천의 글까지 보내주었군요.

제가 서있는 곳은 바로 전통과 현대가 서로 교차하는 전주 최부잣집 꽃담 앞 담장입니다. 지금은 매일 그냥 스쳐지나가던 한옥마을의 거리를 새롭게 보는 가운데 그 모습이 어떤지 전주시민들과 관광객들이 스스로 묻고 그 대답을 해야 할 바로 그때입니다.

진정한 전주의 전통은 교과서를 외우는 것에 있지 않고 마음을 읽는 데서 살아나는 것이 아닌가 생각되는 오늘에서는.

남문의 완산 종소리, 은은하게 울려 퍼지는 오늘이소서. 내일이소서.

2019년
이종근

추천사

후백제의 수도이자 조선왕조의 발상지로서, 전주는 왕의 도시라는 칭호와 함께 찬란한 역사의 시간을 간직해온 곳입니다. 더불어 평등을 내세우며 외세에 맞서 민족 주권을 지키려 했던 조선 후기 동학농민혁명이 꽃을 피운 민의 도시이기도 합니다. 이러한 다양성을 기반으로 전주에는 한식, 한지, 판소리, 한춤, 전통공예 등의 다양한 전통문화 자산들이 우리네 생활 속에 자연스럽게 녹아져 있습니다.

전주는 전통문화에 대한 남다른 애착과 관심을 바탕으로 전통문화의 보존과 계승에 심혈을 기울인 결과, 한국의 원형을 가장 잘 보전하고 있는 전통문화도시로 인정받고 있습니다. 이를 반영하듯 전주는 한국인이 가장 가고 싶은 내륙관광지 1위, 일본인이 방문하고 싶은 도시 1위에 선정되었습니다.

또한 2007년부터 2026년까지 20년 장기계획으로 추진 중인 전주 전통문화도시 조성사업의 성과로, 2014년 기준 한옥마을을 찾은 관광객이 592만 명에 이르는 등 전주는 대한민국 전통문화관광특별시로 눈부신 발전을 이루어가고 있습니다.

지금부터 여러분과 만나게 될 이 책은 전주가 가지고 있는 다양한 문화자산을 바탕으로 그의 이야기들을 알기 쉽고 정감있게 풀어내고 있습니다. 여기에는 우리 생활 속에 위치하고 있으면서도 쉽게 지나칠 수 있는 꽃담, 다리, 종, 하마비, 샘물, 장독대, 굴뚝, 금표, 효자, 나무 이야기 등 다양한 소재들을 중심으로 전주의 아름다움과 정, 그리고 오롯이 지켜온 전통문화의 정수가 담겨져 있습니다.

전주의 전통문화가 소중한 까닭은 그 안에 담긴 고유의 가치 때문입니다. 전통문화라는 것은 단지 한 번 스치고 지나가는 일회성 관광 상품이 아닙니다. 나무 하나, 지붕 하나, 담장 하나, 구술되어 온 이야기 등 우리와 함께 부대끼며 생활하고 있는, 하나하나가 오늘의 우리를 있게한 정신적 가치이자 숨결이 묻어있는 소중한 유물들입니다. 그러기에 우리는 이것들을 고집스럽게 지켜가야 합니다.

우리의 문화유산은 잘 보존하고 가꾸어 고스란히 후세에 전승해야 할 소중한 전통입니다. 그리고 그 가치는 공동체 모두가 공유함으로써 일상에서 함께 누릴 수 있어야 합니다. 이 책을 통해 우리 모두가 전주의 전통문화의 가치를 이해하는 한편, 이를 바라보는 우리들의 마음에 높은 자긍심을 심어주는 계기가 되었으면 합니다.

끝으로 출간에 이르기까지 전주에 대한 깊은 애정과 높은 식견을 바탕으로 혼신의 정열을 다해 주신 이종근 작가님께 감사드리며, 다시 한 번 출간을 진심으로 축하드립니다.

2019년
김승수 전주시장

차 례

그림 속에 한옥마을
꼭꼭 숨어있네요

　'드러냄'과 '드러남'의 차이를 아시나요? 두 단어는 무언가가 보여진
다는 의미에서는 동일하게 쓰입니다. 그러나 '드러냄'은 인위적인 요소가
포함됩니다. 의도를 가지고, 자신이 보이도록 하는 것이 드러냄입니다.

　어느 때부터인가 '드러냄'을 중요시하는 흐름이 우리 사회 속에 들
어왔습니다. 그래서 사람들은 자신을 잘 포장하고, 잘 홍보하고, 잘 드
러낼 수 있도록 애씁니다. 때론 자선도 그러한 차원에서 행합니다. 하
지만 감추고 싶어도 감추어지지 않는 것, 이것이 '드러남'입니다. 가장
자연스럽게 보이는 감동의 하나일지도 모릅니다.

　한옥마을은 '드러남'의 대명사입니다. 지붕 같은 한옥마을의 사랑채
에는 흰 구름이 윤무하고 침실 같은 대지와 출렁이는 바다에는 푸른 산
과 꼬막 등 같은 사람의 집, 아름다운 물길이 있습니다. 한옥마을을 향
한 여정은 늘 이채롭고 더없는 유혹으로 손짓합니다. 그 길은 언제나

꽈배기처럼 이리저리 휘어져 있고 한자락씩 마을의 풍광을 엿볼 수 있게 돼 있어 매력 덩어리입니다.

문득 나를 돌아봅니다. 구불구불 지나온 길이 인생과 닮았나요. 살면서 숱한 수렁을 지나고 돌부리에도 걸려 넘어지면서, 어쨌든 고갯마루에 서 있습니다. 지금의 나를 이곳에 있게 한 지나온 길이 고맙고 더없이 소중하기만 합니다.

자신을 돌아보고 상처받은 마음을 치유하고 싶다면 속도를 망각한 채 기다리고 있는 고샅길 기행을 권합니다. 그곳에선 미움도 고통도 슬픔도 말갛게 치유됩니다. 산다는 게 아주 먼 길을 가는 일이라고 버릇처럼 주억거리면서 오늘도 사람들은 쉴 틈 없이 저마다의 길을 가고 있을 터입니다. 멀리 떠나도 길이요, 가까이서 소박하게 살아도 삶일지니.

이 세상 어디에 매양 변치 않는 길이 있으랴. 산다는 게 으레 그렇고, 또 그런 거라고 오래 믿어 두었지만, 정녕코 허다한 어느 길이 흘러도 변함없이 지난날만 같으랴. 바람도 흡족하게 쉬어가는 한옥마을에서 어제와 오늘, 그리고 내일 사이를 수시로 넘나들며 사람이 곧 희망인 이유를 찾아볼 수만 있다면.

굽이굽이 흐르는 정, 작은 산들 솟고 그리움 가득. 오늘따라 유난히 어린 시절 실팍하게만 느껴졌던 외할머니의 등판이 그리워집니다. 자, 떠나요. 모든 걸 훌훌 버리고 이내 심신이 깃드는 전주 태조로에서, 은행로에서 좀 쉬었다 가시구려.

서양화가 정인수, 서양화가 이택구, 한국화가 김성욱의 작품엔 아직 봄은 오지 않았다며 꽃망울 속에 꽃들이 꼭꼭 숨어 있습니다. 게으르다고 해야 할까요, 아니면 신중하다고 해야 할까요.

정인수 작가의 펜pen화, 오붓한 펜fan

　추사 김정희의 〈세한도〉를 받아본 제자 이상적이 스승께 올리는 편지에서 "〈세한도〉 한 폭을 엎드려 '읽음'에 눈물이 저절로 흘러내리는 것을 깨닫지 못하였다"고 적었습니다. 옛사람들은 그림 감상을 일러 '본다'는 말보다 '독화讀畫' 곧 그림을 '읽는다'는 말을 썼습니다. 그렇다면 그림을 '보는' 것과 '읽는' 것은 무슨 차이가 있을까요? 우선 '본다'는 것은 겉에 드러난 조형미를 감상한다는 뜻이고, '읽는다'는 말은 동양의 오랜 서화일률書畫一律, 글씨와 그림이 한가락이므로 보는 방법도 한가지로 '읽는 것'이 됩니다.

　정인수 작가의 펜화를 읽어보면 얼기설기 우리네 황토를 구워 만든 담장 너머의 매화가지 위에 휘영청 보름달을 띄웠습니다. 시나브로 가지 끝엔 걸린 달에 한 마리의 새가 둥지를 틀고 앉아 웃습니다. 이내 매화가 송이송이 피어나면서 탐스러움을 더합니다.

　전주향교 은행나무, 경기전의 매화, 한벽당과 바로 옆의 요월대, 그리고 한옥마을 전경을 통해 세월이 가도 결코 버릴 수 없는 꽃심을 지닌 땅, 전주를 고스란히 담았습니다. 날카로운 펜 끝으로 동양의 멋을 이처럼 멋지게 그릴 줄 누가 알았을까요.

　단색이 주는 아름다움은 같지만 자세히 보면, 펜화는 붓과 달리 세밀하고 정교합니다. 흡사 수를 놓은 듯, 펜 끝에서 나온 가느다란 선은 작가가 무늬 하나하나에도 많은 정성을 기울여야 했음을 보여줍니다. 작가의 섬세한 눈길을 따라가다 보면 건축물의 구석진 곳까지 알게 되어 그 즐거움이 쏠쏠합니다.

그가 우리의 것에 주목한 것은 천년의 세월을 지킨 문화를 사람들이 한 번 더 보게 하기 위함입니다. 문화유산 앞에 걸음을 멈추고 마음속에 각인시키기 위해서지요. 작가가 펜화를 쉬 포기하지 않는 단 하나의 이유입니다.

작가가 담아낸 한옥마을은 우리 삶 속에서 세월의 나이테를 보여주는 곳으로, 무수한 선들이 겹치고 쌓여 이내 하나의 풍광을 만들어 냈습니다. 기왓장의 묵직함, 은행나무의 향내, 처마와 대청의 정취, 정겨운 담장 등이 한 폭의 한국화처럼 표현된 자리 그리고 골목길 구석구석에 보석처럼 박힌 다양한 문화재와 소박한 서민들의 삶이 말을 걸어옵니다.

작가는 상처와 증오, 연민을 가슴에 안고 많은 시련으로 이어지는 낯선 곳에서의 방황이

당신이 내 가슴으로 들어오던 날(ⓒ 정인수)

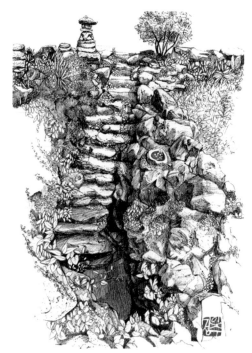

학인당 땅샘(ⓒ 정인수)

정착할 수 없는 시간들이었지만 펜을 통해 자신을 정화시켰다고 실토합니다. 인고의 세월을 마다하지 않고 잎을 피우고 지기를 수백 년, 그렇게 묵묵히 소리 내지 않고 뿌리내리던 고목은 사람들의 소망과 기원을, 고통과 괴로움을 모두 받아들이며 전설을 남기고 있는지도 몰라요.

지금 살아있는 정령精靈은 '신화'로 시작되는 만큼 무한의 기운을 함께 나누고 싶어 오늘도 작가는 한옥마을은 언제나 슬로시티요, 달팽이요, 안단테라고 강조합니다. 저는 언제나 이곳을 향하는 길목에서 반박자 쉬어가는 여유를 배우면서 희망을 얘기하며, 한 박자 건너가는 마음을 통해 가슴에 쌓인 원한과 저린 기억마저도 저 멀리 몰아낼 수 있도록 마음을 다독입니다. 우리의 삶이 더 추락하고 황폐해지기 전, 한옥마을의 하늘 닮은 향기로운 삶이고 싶습니다.

김성욱 작가의 천년 나무, 한옥에 물들다

당신은 지금 어디에서 오고 있습니까? 내리는 비에 꽃은 젖어도, 꽃향기는 비에 젖지 않았는지 전주천 주변은 향기로 가득합니다. 한옥마을 대청마루에 앉으면 지붕 위 솜털구름이 눈망울에 걸터앉습니다. 이에 질세라, 날렵한 처마 곡선을 훑고 지나는 산들바람, 승암사의 풍경이 귓전을 스치고 지나갑니다.

화선지엔 천년의 세월을 지탱해온 나무들이 한옥과 어우렁더우렁 물들었습니다. '천년나무-한옥에 물들다'를 테마로 한 김성욱 작가의 작품은 향토적 분위기가 강하면서도 세속의 담담함을 풀고 맺힌 것을

바람-나무에 물들다(ⓒ 김성욱)

풀어내는 듯, 유연한 필선의 유희와 맑은 바람과 함께 사방으로 나뭇가
지를 퍼트리거나, 어린잎과 꽃잎들로 하여금 춤사위를 보는 듯한 율동
미를 보여주고 있습니다.

　작가는 낫으로 가늘고 긴 낭창낭창한 왕죽을 한 움큼 베어 왔습니
다. 합죽선에 돌 하나 올리고, 별 하나 얹고, 바람 하나 얹고, 시 한 편
얹고, 그 위에 인고의 땀방울을 떨어뜨려 소망의 돌탑 하나를 촘촘하게
쌓았습니다. 하늘이 우리 선조들이 눈물을 너무 흘려서 파란색인지도
모른다는 생각에 진중하게 작업을 하고 있습니다.

　작가의 손을 거치면 어느새, 기억 속 풍경 위에 자유로운 터치들이
부챗살 너머 다양한 모습으로 되살아납니다. 밤이면 밤마다 창호에 은
은한 달빛이 스펀지처럼 새어들고, 별빛 한가득 쏟아지는 마당으로 내
려와 돌담을 따라 사부작사부작 거닐어보는데, 이에 질세라 초대하지

않은 그림자가 동행합니다. 영혼은 하늘가에 올라가 있고, 삶은 지상에 있다는 느낌이 들 때, 가을바람이 꼬리를 살랑살랑 흔들며 지나갑니다.

바람이 없어도 좋아요. 바람되어 우리가 가는 겁니다. 바람개비를 만드는 어린아이는 바람이 불어오기를 기다리지 않습니다. 바람개비를 들고 앞으로 달려나가는 어린아이의 마음으로 지금도 살고 있는 까닭입니다. 가야 할 길이 멀다고 알아버린 이 순간에 바로 나 이제 바람개비 만들어 달려갑니다. 발효된 천년 세월의 꿈과 희망과 사랑이 영글어 갑니다.

굵고 강한 필선은 황량한 들녘, 고목의 앙상한 가지들로 하여금 서서히 희망 바람 각양각색으로 푸지게 몰고 옵니다. 바람은 때론 흥겨워 춤을 추고, 때론 대놓고 웃기도 하며, 때론 숨어 울기도 하며, 때론 내 삶에 묻은 젖은 얼룩을 헹궈 메마르게 하는 등 밀고 밀리며, 쫓고 쫓기며 지나가지만 어느 한순간도 멈추지 않습니다.

한옥마을의 바람은 그렇게 어머니가 되어 나를 품고, 제 주위를 지나 표표히 흔적을 남기지 않고 잘도 흘러갑니다. 바람은 한곳에 뭉쳐 머무르는 법이 결단코 없는 존재. 하지만 바람은 바라는 것, 곧 희망이 되니, 그래서 나의 바람은 멈춰 설 수 없습니다. 하늘 한 번 우러러보니 바람에 실려 떠도는 너울 한 자락, 햇빛 사이로 무지개 되어 떠도는 구름이 막 흘러갑니다.

작가가 전하는 '천년나무-한옥에 물들다', '바람-한옥에 물들다', '바람-나무에 물들다'는 우리 모두를 향한 희망 비나리입니다.

이택구의 한옥마을 풍경 연작

한옥마을 안에 역사가 숨 쉬는 문화재, 막힘없이 흐르는 물길과 고 샅을 이택구 작가가 애정 어린 눈과 섬세한 손을 통해 디지털이 아닌, 아날로그적 감성으로 갈무리했습니다. 그가 그림으로 마름질한 세상, 그 속에서 조금은 괴로운 현실을 잊기도 하고, 나도 모르게 오히려 더 강하게 이를 깨부수고픈 욕구를 다져보게 됩니다.

화가란, '이끼 낀 섬돌에도 꽃을 피우게 하고, 천년된 나무의 잎에도 새싹을 틔우게 하는 사람'이라지요. 작가는 전주의 특산물 중의 하나인 전통 한지 특히, 장지 위에 먹과 혼합재료를 사용하고 있습니다.

황금빛 논, 나지막한 한옥마을의 기와집, 오솔길, 아담한 한국의 산 야 그리고 광활하게 펼쳐진 푸른 하늘 등 주위에서 흔하게 볼 수 있는 전통적 소재를 선택해 수평적 구도로 서정적인 〈풍경 연작〉을 그리고

풍경 연작(ⓒ 이택구)

있습니다.

시간의 흔적이 잘 느껴질 수 있도록 은은한 먹빛과 황토빛이 자연스럽게 번진 바탕 위에 그린 한옥마을 풍경은 어디선가 본 적 있는 풍경 같기도 하고, 한국 고전 전래동화 속에 나오는 상상의 한 장면인 듯합니다.

화면 위에 잔잔하게 흐르는 고요함, 소박함, 경건함과 단순함은 작가의 그림에서 풍겨 나오는 첫 번째 이미지이기도 합니다. 소박하면서도 세련미와 조형미를 갖춘 그의 고요한 〈풍경 연작〉은 옛 선비들의 수묵 산수화에서 느껴지는 자연미마저 풍겨 나옵니다. 누군가는 한옥마을과 생활 주변의 다양한 이야기들을 등장시켜 보는 사람들로 하여금 작은 단편소설을 읽는 듯한 복고적 향수를 불러일으킨다고 말합니다.

친숙하게 느껴지는 전통적인 대상을 소재로 삼으며 한국인의 핏속에 자연스럽게 녹아있는 자연친화적 풍경을 사실적인 묘사를 바탕으로 단아한 구도로 그려내고 있기 때문입니다. 현대인의 마음속에 묻혀 있는 상징적 고향에 대한 정서를 형상화 시키면서 탈문명의 정서를 은근하게 자극합니다.

하늘 닮은 사람은 곁에 있어도 늘 그립게 만들고, 그리운 내게 가장 소중한 사람 바로 당신입니다. 해 질 무렵, 전주천 징검다리와 섶다리 위로 부서지던 햇살이 작가의 그림 속에 그대로 멈춰버린 듯한 오늘, 그 그림의 주인공은 바로 당신입니다.

'바람을 보아야 해요'
전주의 풍수

　물은 거침이 없고, 산은 말이 없습니다. 윤슬은 거스르지 않고, 구름은 부딪히지 않습니다. 불은 태워야 하고, 별은 빛나야 하며 술은 마셔야 제맛을 느낄 수 있습니다.

　바람은 불고 싶은 대로 붑니다. 추녀 끝에 대롱대롱 매달린 풍경은 바람이 불지 않으면 결단코 소리가 나지 않습니다. 아름다운 것은 조용하게 자랍니다. 향기로운 꽃은 젖은 목소리로 피어납니다.

　요즈음은 '꽃자리'를 가슴에 품은 채 살고 싶은 마음이 간절합니다. "반갑고 고맙고 기쁘다. 앉은 자리가 꽃자리니라! 네가 시방 가시방석처럼 여기는, 너의 앉은 그 자리가, 바로 꽃자리니라"라는 구상 시인은 자기 삶에 대한 온전한 긍정을 이야기합니다. 우리는 저마다 스스로의 굴레에서 벗어났을 때 그제야 세상이 바로 보이고 삶의 보람과 기쁨도 맛봅니다.

원망과 불평으로 가득 찬 사람들은 자기 삶을 긍정하기 어렵습니다. 내 손에서 놓친 물고기가 커 보이고, 남의 자리 앞에 놓인 떡이 더 먹음 직스럽고 많아 보이고, 또 내가 운전할 때에 신호등의 빨간 불이 길게 느껴지고, 길을 건널 때 내 앞의 횡단보도 신호등의 녹색 불은 왜 그리 더디게 켜지는 것 같습니다. 똑같은 상황에서의 행동이 자신이 행위자 일 때와 다른 사람이 그 행위를 하고 있을 때 서로 다르게 인식합니다.

생에 대한 불평, 불만이나 절망은 잘난 사람들의 전유물일지도 몰라 요. 삶은 어쩔 수 없는 공평함이지 선택이 아닙니다. 그래요. 식물은 태 어난 자리에서 단 한발자국도 움직일 수 없지 않나요. 있는 자리에서 최선을 다해 꽃을 피울 뿐. 그런 역경 속에서도 아름답게 피어나는 꽃, 그 모습이 진정한 아름다움은 아닐런지요.

한옥마을 좋은 곳에서 좋은 생각을 할 수 없다면 당신은 끝내 세상 어디에도 머무를 수 없을 것입니다. 오늘따라 스스로 나를 조금 더 사 랑해야겠다는 생각을 하게 되는 까닭입니다. 누구는 벌써 가버렸다 하 고, 누구는 아직도 오지 않았다며 서성이는데…. 사방 연분홍 향기 날 리며 서슴지 않고 유혹하는 봄날, 그대 못이기는 양하며 전주로 마실 오십시오. 당신이 한옥마을에 앉은 곳이 바로 꽃자리입니다.

행주형의 자리, 전주

배산임수 형국에서는 남동쪽이 툭 트인 자리이어야 합니다. 하지만 전주는 읍성에서 바라보면 남쪽 곤지산 방향이 장막으로 앞을 가리듯 산세로 둘러져 있습니다. 구조상 답답한 면도 있지만 오히려 읍성과 산세가 안성맞춤으로 조화를 이룬다고 볼 수 있습니다.

전주의 산세와 읍성은 천지조화와 음양상생의 기운이 우주적 공간을 만들어 내고 있는 셈입니다. 풍수지리상 전주는 배역지지背逆之地로, 맑게 개인 하늘 아래 막막한 바다로 떠나는 배의 형상을 일컫는 바 행주형行舟形입니다.

이는 처음 전주읍성을 조성할 때 풍수좌향을 적용한 것으로 보입니다. 풍수에서 좌향과 비보가 중요하듯이 읍성풍수에서도 좌향과 비보풍수를 중시하였던 것입니다. 전주의 풍수좌향은 사신도로 설정되어 있습니다.

지명에도 사신도가 영향을 미친 바, 동쪽으로는 기린, 남쪽으로는 봉황, 서쪽으로는 용, 북쪽으로는 거북을 두었습니다. 동쪽의 기린봉은 산세가 곧게 솟아났으며, 남쪽의 봉황암은 고지도에서 확인되고 있으며, 봉황암 앞에는 봉황지가 있었으며 현재 효자동 근처였던 곳으로 추정됩니다. 과거 공동묘지가 자리한 기린봉 아래의 가재미골은 전주부성 동쪽 십 리에 난리에도 피난처가 될 수 있다는 낙지樂地인가요, 아중택지개발이 바로 그것인가요.

조선시대 점술인들이 일반인들의 천대를 피해 서문 밖에 하나둘씩 자리하면서 생기기 시작했을 꼬치산마을은 6.25전쟁 후부터 점술가와 무속인들이 모여들기 시작했다는 기록이 보입니다.

또, 전주의 서쪽은 완산칠봉의 용이 서쪽으로 향해 용트림하고 있으며 그의 머리 부분이 현재의 용머리고개龍頭峴가 있습니다. 용이 승천하지 못하고 그대로 누워 버렸다는 의미로 전주 서남쪽에 있는 관문입

전주의 지형

니다. 항상 어둠의 끝에서 아침이 오듯 어려움 속에서도 좌절하지 않고 일어서는 남부시장 사람들의 삶처럼 말입니다.

　용머리고개에 관한 2가지 이야기가 전하고 있습니다. 마한馬韓의 기운이 쇠잔할 당시 민가에서 머리는 하나이며 몸뚱이가 둘이 달린 소를 낳은 이변이 생겼습니다. 일관日官이 말하기를 일수이신一首二身이 태어나고 홍수가 범람하는 것은 용왕이 크게 일어날 징조로 알려지면서 인심은 날로 흉흉해졌습니다. 이때 전주천은 좁은목에서 폭포로 떨어진 물이 지금의 다가산 밑에서 급히 소沼를 이루어 많았고 물살 또한 급류였습니다.

일수이신의 송아지가 태어난 것은 일본 관헌의 농락이었고, 이 전주천에서 자란 용이 천년을 기다려 승천昇天하려고 안간힘을 쓰느라고 전주천 물을 모조리 삼키고 하늘에 오르려고 힘을 한 번 쓰다가 힘이 빠져 떨어지고 말았는데, 사실은 힘이 빠진 것이 아니라 천년에서 하루가 모자란 것이었다고 합니다. 이때 용이 떨어진 곳은 완산칠봉의 계곡으로, 당시만 해도 사람이 다니지 않은 원시림이었습니다. 몸부림치다가 승천하지 못한 한을 품고 용의 머리가 지금의 용머리고개에 떨어졌으며, 이후로 우거진 송림이 정리 작업을 한 듯 깨끗하게 오솔길을 만들어줌으로써 오늘날은 경목선京木線이 되었고, 용머리의 형상이라고 해서 용머리고개라고 말합니다.

또 다른 설도 있습니다.

강감찬 장군이 이곳에 있었던 어느 해 심하게 가물었습니다. 장군이 걱정을 하다가 하루는 하인을 시켜 지금 막 개울을 건너는 초립동이 있을 터이니 그를 곧 데려 오라고 일러 보냈습니다. 과연 그 사람이 있어 데리고 왔는데 그를 보자 강감찬이 "이렇게 가물어도 못 본 체하고 지나가다니 괘씸하노라" 했더니 그 초립동은 실은 용이 둔갑한 것이었습니다. 용이 죽음을 면하고자 승천하며 비를 내리게 하고 떨어져 죽은 곳이 이곳이라고 해서 용머리고개로 부릅니다.

전주의 비보풍수

전주의 비보풍수는 진북동의 비보사찰, 비보석불, 비보숲과 내외 수

구막이와 덕진연못을 들수 있습니다.

전주의 4고사찰 가운데 북고사北固寺에 해당하는 진북사는 진북동에 위치합니다. 진북동은 북쪽을 진호하는 풍수지리지명이며 진북사는 전주읍성의 북쪽을 진호합니다. 사면석불 가운데 북면불이 조성되어 있으며, 진북사 건너편에는 숲정이라는 비보숲이 있었습니다.

건허수지乾虛藪止에 비보숲을 조성한 것으로, 전라관찰사 이서구가 전주부성의 북쪽이 풍수설에 따르면 허하므로 나무를 심어 숲을 만들었기 때문에 숲정이란 지명이 전해오는데요, 이곳에 서북쪽 방향의 차디찬 바람을 막게 되면 만년의 영화가 함께 한다고 말하는 바, 그때가 언제일까요.

비보숲은 '수구맥이'에 조성됩니다. 수구맥이란 풍수지리상 배산임수의 지세에서 물줄기가 마을입구로 빠져나가면서 마을이 지기가 허해지는 것을 막아준다는 풍수장치를 말합니다. 전주의 지기가 북서쪽으로 유실되는 것을 방어하고자 진북동에 비보숲을 조성한 것입니다.

전주의 수구맥이는 외수구와 내수구로 구조화되어 있습니다. 내수구는 기린봉에서 내려오는 검암천과 전주천이 합수되는 곳이며, 외수구는 다시 전주천과 오봉산에서 발원하는 삼천천이 만나는 곳으로, 이곳에 추천대가 있어 자연경관이 수려합니다. 진북사는 화산의 암애 측벽에 위치했으나 아파트 증축으로 폐허되었다가 다시 그곳에 복원되고 있습니다. 청룡맥이 질주하다가 전주천을 만나자 멈추어 선 것입니다. 산(남성)이 수(여자)를 만나면 모든 게 멈추는 것과 같은 이치가 아닐런지요.

건지산乾止山은 읍성을 품고 북서쪽으로 질주하다가 물을 만나 지맥이 멈춰 선 곳입니다. 건지산 맞은편에 가련산可連山이 있습니다. 건지

건지산

덕진연못

산과 가련산을 제방으로 연결하여 만들어진 것이 덕진연못입니다. 인공적으로 파서 만든 것이 아닌 제방을 쌓음으로서 물이 고여 만들어진 연못이지요. 전주의 지덕이 누설되는 것을 방지하기 위하여 제방을 쌓은 것입니다.

전주대학교 송화섭 교수는 "경기전에 소학교를 세우고 오목대와 이목대를 절단냈으며 용머리고개로 길을 내고 심지어는 동익헌을 없애고

길을 내었다. 조선왕조의 본향인 전주의 풍수지리 구도를 훼손시켜 조선왕조의 국혼을 파멸시키고자 했던 의도가 근대화라는 미명하에 자행됐다"고 말합니다.

한옥마을의 자만동은 기린봉과 중바위를 양 어깨로 하고 북두칠성(완산칠봉)을 향하여 긴 목(발산, 조선조 이왕기가 일어난 산이라고 해서 발이산으로 부름)을 빼어 머리 숙여 거북이에게 북두칠성(만유의 근본, 풍수는 옥황상제라고 함)에게 얼마나 주고 싶은 게 많았겠냐는 이야기가 전합니다.

거북이는 양 어깨, 목덜미 부분을 의미하는 만큼 후백제 견훤왕성이 자리한 곳이며 목 왼편이 자만동으로 태조 이성계의 5대조인 목조(이안사)의 태생지이며, 조선의 개국 공신 최담이 말년에 후학을 가르친 곳이며, 명필 이삼만이 공부한 곳입니다. 그리고 목 오른편(자만동의 발산 너머 반대편)이 간납대(현 천주교 전주교구청에서 군경묘지까지)로 전주8현賢으로 알려진 운암雲岩형제를 낳았던 곳이라서 더욱 흥미롭습니다.

곤지망월坤止望月이라 하여 완산10경으로 알려진 곤지산은 목마른 말이 물을 찾아 강변에서 목을 축이는 형국입니다. 완산의 출발점도 곤지산이라 할 수 있습니다. 전주읍성을 중심으로 우로 돌아 건지산에 이르고, 좌로 곤지산을 설정해 천지가 상응하고 음양이 조화를 이루는 우주적 세계를 꿈꾸어온 게 전주 사람들이었습니다. 곤지산과 건지산은 전주읍성을 가운데에 두고 서로 마주 보는 형국입니다.

한옥마을 인근의 서학동이라는 이름은 황혼이 어둑어둑 내려 않을 무렵에 많은 학들이 온화한 숲 속에 보금자리를 튼다는 뜻을 담고 있습니다. 서학동이라 불리게 된 다른 배경에는 풍수지리적으로 남고산에서 흘러내린 산자락이 학이 날개를 편 형국이기 때문이라 하는 바, 전주교대 터가 첫 번째 학이고, 학봉마을 뒷산의 학봉이 두 번째 학이라 합니다. 전주시 동남쪽의 실질적인 관문으로서 수목이 울창하고 주변 경관이 수려한 주거지역으로 명승고적 및 문화재가 많은 곳입니다.

황방산은 완산구 서신동과 덕진구 팔복동에 걸쳐 있습니다. 산의 형국이 마치 누런 삽살개가 엎드려 서쪽으로 넘어가는 해를 바라보며 전주를 지키고 있는 모습이라고 해서 황방산黃尨山이라고 했습니다.

서곡은 황방산의 산줄기가 에워싸고 있는 모습을 가리킵니다. 이곳은 『정감록』에 나오는 무병장수 서출동수西出東水의 비결까지 갖춘 명당자리입니다. 그래서 상서로운 골짜기란 뜻에서 서곡瑞谷으로 불렀습니다. 이것이 잘못 전해져 오늘날 서쪽 골짜기가 있는 동네란 뜻의 서곡西谷으로 불리게 됐다고도 말합니다.

서곡이란 이름이 생기기 전에는 서곡을 골짜기 안의 여섯 개 마을이란 의미로 골안육리谷內六里라고 불리었으며, 인근에 신도시와 혁신도시, 전북도청과 경찰청 등이 들어섰으니 풍수가 딱 들어맞네요. 황방산 아래에는 서고사, 선화종 황방사, 태고종 일원사 등이 있습니다. 서고사는 동고사, 남고사, 북고사와 함께 전주를 수호하는 4대 사찰 가운데 하나입니다.

물줄기가 바뀐 전주천

전주천은 전주의 역사와 함께했으며 이곳을 발전시킨 젖줄입니다. 그 원류는 전주 동남쪽 완주, 임실 두 군의 경계를 나누는 분수령인 슬치의 북쪽 기슭에서 시작됩니다. 점차 천의 폭과 함께 계곡의 폭이 넓어지면서 북서로 흘러 남관과 신리를 지나 한벽당 부근에서 휘돌아 남천이 되고 전주교 매곡교를 지나 서천이 흐릅니다.

　이같은 흐름은 다가산에서 방향을 약간 바뀌면서 진북사에 도달하고 다시 덕진동의 남쪽에 이르러 서쪽으로 향하여 팔복동 추천대교 서쪽에서 삼천과 합류해 추천이 됩니다. 추천은 광활한 평야를 지나다가 소양천과 고산천과 합해 만경강으로 흘러 서해로 향합니다.

　하지만 과거에 전주천이 흐르는 방향은 지금과 큰 차이를 보이고 있습니다. 옛날 전주천은 한벽당 아래로부터 이목대 오목대의 아래를 둘러 지금 기린로와 같이 흘러 덕진 연못을 거쳐 추천으로 흘러내려갔다고 추정할 수 있습니다. 전주천이 지금과 같이 흐르게 된 것은 고려 이전의 일로 보입니다.

　『완산지』에 의하면 옛날 전주를 다스리던 곳이 동쪽에서 서쪽을 향해 있었는데 언제인지를 알 수 없으나 남쪽을 향하게 되었다고 합니다. 또한 남천이 옛날에는 오목대 아래로 흘렀는데 민가를 파보면 왕왕 모두 냇돌이 나오고 있는 만큼 옛날에 물이 흐르던 곳임을 알 수 있습니다.

　견훤산성에서 기린봉을 거쳐 문화촌이라 불리는 옛 인봉리를 지나 서노송동 구형무소 자리에 이른 능선 자락에서 현재 진북동 우성아파트를 잇는 능선에 견훤의 고성이 있었던 것으로 추정되고, 고려 때 조선시대와 같은 지역에 성이 수축된 것으로 보여지므로 전주천의 하상이 현재의 위치로 옮겨진 것은 고려이전의 일로 추정됩니다. 즉 여말선초 경에는 옛날 선창가가 시가의 주요부가 되고 낮은 지대가 발달해 돌성벽이 쌓여지면서 치소의 방향이 남향으로 바뀌게 됩니다.

한벽당

　하지만 전주천은 홍수로 제방이 무너지는 경우가 허다했습니다. 이에 홍수를 방비하기 위해 여러 차례의 제방공사가 있었습니다. 호남읍지에 의하면 1509년 6,000척에 달하는 제방을, 1731년에는 전주부윤 이수항이 승군을 동원해 전주천의 제방을, 1784년에는 관찰사 조시위가 대규모로 제방을 각각 수축합니다. 이어 1901년 관찰사 조한국이 개축을 합니다. 수차례의 제방공사가 있었지만 일본에 강점된 즈음 전주 사진을 보면 제방이 별로 남아 있지 않는 것으로 보입니다. 1920년 대홍수로 13명이 사망하고 546채의 가옥이 파괴됐습니다. 이후 1932년 완산교에서 상류쪽으로 제방을 준공했고 1933년에는 전주교 하류에 제방을 쌓았습니다. 이후 여러 차례 무너지고 쌓기를 반복하면서 이르고 있습니다.

지금은 4차선도로가 된 다가교는 1930년대에 만들어졌습니다. 얼마 전 본 사진 속 다리는 사마교로 다가교 위에 세워진 다리로, 옛날에는 이를 건너 다가정, 사직단, 향교의 사마제 등이 있었으며 고개를 넘으면 화산서원이 있었습니다.

이 다리를 건너 서문교회로 예배하러 가는 신흥학교 조상님들의 모습이 보입니다. 사진은 1932년 완산교에서 상류쪽으로 339m의 제방을 준공하기 전 모습이고 사마교 다가교 부근은 제방을 쌓았다는 기록이 없어 1936년 대홍수 때 이 부근도 큰 물난리가 났을 것으로 생각됩니다.

이어 1937년 다가교 부근에는 한강 유원지처럼 보트장도 만들었다고 합니다. 지금은 천변공사로 물이 메말라 놓여있는 돌다리를 통해서도 건널 수 있지만 80년 전 전주천은 사진에서처럼 한강 같은 많은 물이 흐르고 있고 우거진 숲 사이로 신흥학교 모습이 보입니다.

지금의 전주천에는 전주국제영화제가 열리는 하늘이 고스란히 담깁니다. 탁 트인 하늘보다 더 투명한 물색, 전주천이 주는 선물은 행복입니다. 전주 천변에는 또 개당 100~200만 원씩 하는 운동기구가 50m마다 적은 곳은 3~5기, 많은 곳은 10여 기씩 설치돼 있습니다.

전주천은 2002년 120억 원을 들여 생태하천으로 조성됐습니다. 전국 최고의 자연형 하천 중 하나로 꼽히는 서울 강남구 양재천의 경우 징검다리가 300~400m마다 1개, 체육시설은 하천 양쪽에 7곳이 있어 평균 1㎞에 1개가 있는 셈이니 전주 시민들은 어쩌면 큰 혜택을 받았는지도 모릅니다.

전주천을 건너는 어느 노부부, 징검다리를 휘도는 작은 포말이 싱그럽습니다. 마냥 걷고 싶은 부부의 산책은 징검다리 여울목에 찬란한 눈부심으로 기록됩니다. 바로 그 징검다리는 정결한 유혹입니다. 잠시 헤어졌지만 그새 그리움, 부부의 눈길이 서로의 발끝을 지켜줍니다.

가만가만 발맞춰 건너야 제맛이 나는 징검다리 산책, 오늘 저녁엔 많은 얘기들이 달맞이꽃처럼 피어나겠지요. 남부시장에서 장을 본 친구들 이야기 등을 억새길을 따라 추억을 나눕니다. 어릴 적 소꿉놀이를, 고향집 동구 밖 아련한 그리움과 천천히 걷는 발걸음에 소녀적 설레임까지 말입니다.

이윽고 다가교 옆으로 몇 걸음 나아가자 내를 건널 수 있는 징검다리가 모습을 드러냅니다. 주저없이 징검다리를 건너 시원한 냇물에 손을 씻어보았습니다. 바위를 세차게 부딪치며 흐르는 물이 참 맑습니다.

쉬리가 돌아오고, 수달이 살고 있는 전주천. 개망초 하얀 꽃물결이 어둠에 묻힐 쯤, 등줄기에 흐르는 땀을 식혀주는 바람이 시원하게 불었습니다. 긴 세월 소리 없이 자란 나무들이 비로소 바람길이 되고 있는 바 사각사각 스치는 소리가 경쾌합니다.

전주천의 자전거 타기는 또 다른 즐거움입니다. 아침저녁 전주천을 달리는 페달에 건강한 입김이 느껴집니다. 천변의 축 늘어진 능수버들, 능수버들의 자태는 전주천의 또 다른 명물입니다. 늘상 보는 모습이지만 철따라 기품이, 느낌이 다릅니다. 여인의 부드러움으로, 항상 느긋한, 여린 듯 느릿함이 넉넉함으로 다가옵니다. 전주는 슬로시티가 되어야 하는 까닭입니다.

　가까이 고운 빛으로 사그라지는 노을보다 하늘 높이 뜨겁게 빛나는 해가 참 아름답습니다. 먹먹한 가슴을 어루만지고 다시 시작할 힘을 얻기 위해 조금은 서둘러 길을 나섭니다. 저기, 물감을 쭉쭉 짠듯 푸른 물결이 곡선을 그리며 윤슬을 안겨줍니다.

　시나브로 바람이 붑니다. 이내 찌들었던 마음이 맑고 투명해집니다. 달달한 향이 피어나는 아담한 전통찻집이 더 반갑습니다. 햇살이 쏟아지는 창 아래서 마음까지 따스하게 데웁니다. 찬 공기를 뚫고 세상을 따사롭게 어루만지는 햇살이 새삼 참 고맙습니다. 하늘과 가까운 곳에서 세상을 내려다봅니다. 바닷물이 들고 빠지면서 난 물길의 흔적이 갯벌 위에 멋진 작품을 그려놓았군요.

　앉아 쉴 수 있는 자그마한 공간이 있어 한 폭의 그림을 오래도록 선명히 가슴에 새길 수 있습니다. 그 길 따라 걸으면 그 누구를 기다리듯, 하늘 높이 목을 빼고 서 있는 한옥마을의 솟대도 보입니다.

　해가 전주천을 어루만지다 세상을 붉게 만들어버립니다. 해가 노을로 부서져 내리는 모습을 보노라면 이내 마음도 붉게 붉게 물들어 버립니다. 코발트빛 하늘 아래, 구름 사이로 햇살이 쏟아지더니 어느새, 초록빛 물결에 유화 물감을 뿌리며 마티에르 효과를 갈무리합니다.

　오메, 세상근심 모두 태워버렸네. 징허다, 가슴 속 가득 찬바람이 온몸을 시원하게 해주니 기쁘고 힘이 솟아납니다. 바람이 유난히 맛있고, 하늘이 더없이 구김살 없고, 햇빛이 전주비빔밥처럼 달짝지근한 어느 날의 한옥마을 랩소디였습니다.

한옥마을의 바위,
혼이 담긴 달걀이군요

전주에는 초록바위, 서방바위, 각시바위 등 참으로 많은 바위들을 만날 수 있습니다. 남부시장에서 싸전다리를 건너 다가산 쪽으로 돌면 왼편에 초록바위라 불리는 곤지산 자락의 바위 언덕을 만나게 됩니다.

김개남 장군과 천주교 신자 잠든 초록바위

곤지산 아래의 깎아지른 절벽으로 산세가 갈마음수격渴馬飲水格으로 말이 풀밭을 찾는다는 의미에서 초록바위입니다. 하지만 1936년 홍수 뒤 호안공사를 하면서 상당 부분 깎였습니다. 이 바위 틈새에는 몇 그루의 소나무가 있었는데, 참형자들을 효수하던 나무들이고 해서 숲정이, 좁은목과 함께 3대 바람통이라고 합니다. 조선시대 참형자들을 효수하던 나무들이 산정에 있어 지나는 사람들의 등골이 오싹했기 때문입니다.

동학농민혁명 당시 김개남을 처형한 곳이기도 하며 천주교 신자를 처형해 매달아 놓은 곳이기도 합니다. 둑이 쌓여지기 전에는 남고산 골짝에서 흐르는 반석천의 물이 부딪치는 곳으로, 홍수 때는 남문밖 장터를 정면으로 흘러 전주 성안으로 밀려들었다고 합니다.

병인박해 기간인 1866년, 새남터에서 순교한 성인 남종삼의 15세 된 아들 남명희와 순교자 홍봉주의 아들을 물에 빠뜨려 죽인 곳이기도 합니다. 이 두 가정은 온 가족을 처형하거나 노비로 삼고 가산을 몰수하는 노륙지전孥戮之典의 가혹한 형벌을 받은 바, 두 어린 아들은 나이가 어려서 당시의 관례대로 전주 감옥에 수감하였다가, 나이를 채워 초록바위 밑 전주천에 밀어 넣어 죽였다고 합니다.

초록바위

이름(세례명)	연령	순교일	순교 형식	순교지
윤지충(바오로)	32	1791.12.8	참수	전주 남문 밖
권상연(야고보)	40	1791.12.8	참수	전주 남문 밖
한정흠(스티니슬라오)	45	1801.8.26	참수	김제동헌
김천애(안드레아)	41	1801.8.27(28)	참수	전주 숲정이
최여겸(마티아)	38	1801.8.27	참수	고창 개갑장터
유항검(아우구스티노)	45	1801.10.24	능지처참	전주 남문 밖
윤지헌(프란치스코)	37	1801.10.24	능지처참	전주 남문밖
유중철(요한)	22	1801.11.14	교수	전주옥
유문석(요한)	17	1801.11.14	교수	전주옥
유중성(마태오)	18세 무렵	1802.1.31	참수	전주 숲정이
이순이(루갈다)	20	1802.1.31	참수	전주 숲정이
이경언(바오로)	35	1827.6.27	옥사	전주옥
이일언(욥)	72	1839.5.29	참수	전주 숲정이
신태보(베드로)	70세 무렵	1839.5.29	참수	전주 숲정이
이태권(베드로)	57	1839.5.29	참수	전주 숲정이
정태봉(바오로)	43	1839.5.29	참수	전주 숲정이
김대권(베드로)		1839.5.29	참수	전주 숲정이
김조이(아나스타시아)	50	1839. 10월	옥사	전주옥
심조이(바르바라)	26	1839.11.11	옥사	전주옥
이봉금(아나스타시아)	12세 이하	1839.12.5.(6)	교수	전주옥
홍재영(프로타시오)	60	1840.1.4	참수	전주 숲정이
최조이(바르바라)	50	1840.1.4	참수	전주 숲정이
이조이(막달레나)	32	1840.1.4	참수	전주 숲정이
오종례(야고보)	19	1840.1.4	참수	전주 숲정이

천주교 전주교구 시복자 24위

한국 천주교회사의 성지임과 동시에 동학농민혁명의 성지인 초록바위. 새로운 세상의 개벽을 꿈꾸었던 사람들이 그 꿈을 이루지 못하고 죽어간 한이 어린 장소로, 이곳을 지날 때면 혼이 담긴 달걀의 고통과 아픔에 눈시울이 다 뜨겁습니다. 언젠가는 혼이 담긴 달걀은 바위를 깰 수 있습니다.

만경대의 바위와 금암동의 거북바위

동서학동의 남고산에는 천경대, 만경대, 억경대 등 3개의 봉우리가 있습니다. 만경대는 산성의 서문을 향하여 우편으로 높게 솟아 있는 바위 위 봉우리로 전주 시가지가 한눈에 내려다보이는 곳입니다. 이곳의 남쪽 바위 벼랑에는 포은 정몽주가 지었다고 하는 시가 새겨져 있습니다. 정몽주가 1380년(고려 우왕 6년) 이성계의 종사관으로 운봉에서 황산대첩을 거두고 돌아가는 길에 이곳에 올라 고려를 걱정하며 지은 우국시라고 합니다.

그 이유인즉 이성계가 오목대 잔치에서 한고조 유방이 불렀던 〈대풍가〉라는 노래를 불렀는데, 이는 마치 쓰러져가는 고려왕조를 비웃는 듯, 또 자기의 웅대한 포부를 말하는 듯하였다고 합니다.

이를 듣고 있던 정몽주가 자리를 박차고 일어나 홀로 말을 달려 남천을 건너 고덕산성 만경대에 올라 멀리 북쪽하늘을 쳐다보면서 고려왕조를 걱정하는 우국의 시를 지은 것이지요. 만경대의 봉우리 위에는 고고한 자태를 자랑하는 만인송이라는 낙낙장송 한그루가 서 있었지만 언젠가 베어지고 그 그루터기만 남아 있습니다.

　한편 전주 시내 한가운데에 자리잡고 있어 시민들이 즐겨 찾는 완산 7봉完山七峰은 전주의 대명사입니다. '완산完山'은 전주의 옛 이름으로 완산공원完山公園이라고도 부르는 이곳에는 이야기가 하나 전해지고 있습니다.

　완산칠봉의 하나인 옥녀봉玉女峰 정상에는 송아지 형상인 바윗돌 하나가 있는데, 속칭 금송아지 바위라 합니다. 금줄을 빌려주면 감로수甘露水를 주겠다는 옥녀의 감언이설에 산신령의 계율을 어기고 옥녀봉으로 올라간 금송아지가 화석으로 변한 것입니다. 이같은 사연도 모른 배서방이란 젊은이가 금덩이를 노리고 금송아지 바윗돌을 깨려다 산신령의 노여움을 사 숨을 거두게 되었다고 합니다.

　완산7봉 정상의 팔각정 전망대에 오르면 온 천지가 발 아래로 와서 머뭇거립니다. 천년 고도 전주와 함께 이어 온 완산의 명맥이 호남평야로 흐르면서 유서 깊은 칠성사와 약수터 등을 품에 안고 있습니다.

　전주시의 중앙부로 흐르는 전주천을 따라 이어진 산줄기일 뿐 아니라 예부터 도시를 보호하고 있는 지맥을 가지고 있습니다. 사람들이 산의 형세나 산의 모습을 훼손하면 큰 재난을 겪는다고 전해지면서 보호하고 가꾸고 있습니다. 이제는 시민들의 휴식터로 삼나무숲의 경관과 수질 좋은 약수터가 있어 새벽 등산객이 많습니다.

　거북바위가 자리한 금암동은 예전에 '검암동'으로 불렸습니다. 칼바위가 있었던 곳이라는 뜻을 담고 있습니다. 칼 검劍자에 바위 암巖은 이곳이 예전에 무사들이 무예를 연마하며 검을 갈았던 곳이거나, 인근 주민들이 칼을 갈았던 싯돌에서 유래한 것으로 보입니다. 좀 더 확대 해

석한다면 대부분의 동명은 금黔, 검儉자 등을 주로 쓰입니다. 그러나 검劍자의 경우는 다소 특이한 경우입니다.

이목대의 호운석

이목대는 목조 이안사가 전주를 떠나기 전에 살았던 구거지로 발산 중턱에 있습니다. 발산은 승암산에서 뻗어 나와 이목대, 오목대 등으로 이어지는 산으로, 목조가 이발산 아래에 있는 자만동滋滿洞에서 살았다고 합니다.

그래서 발산鉢山을 이씨왕조가 일어난 산이라고 해서 발리산發李山이라고도 하며, 이목대梨木臺의 '이梨'자를 '이李'자로 바꾸어 이목대李木臺라고 칭하기도 했습니다. 자만동은 승암산 자락을 따라 한벽루, 이목대, 오목대를 잇는 능선 밑으로 형성된, 향교 동북쪽에 있던 마을로, 최담유허비에 보면 조선초에는 옥류동玉流洞이라 했습니다.

이목대는 19세기의 『완산지』에 실려 있지 않으나, 목조 이안사에 관한 장군수將軍樹와 호운석虎隕石에 관한 설화는 18세기말의 『완산지』에 등장하고 있습니다.

장군수는 발산 아래에 있었다. 목조가 어렸을 때 여러 아이들과 이 나무 밑에서 진법을 익혔다고 한다. 그래서 사람들이 그 나무를 장군수라 하였으며, 지금은 나무가 없지만 그 유지는 완연히 남아 있다고 기재되어 있다.

호운석은 한벽당 앞 1리쯤에 있는데, 전해오는 말에 목조가 어릴 때 여러 아이들과 발산 남쪽 기슭에서 놀다가 폭풍우를 만나 바위 아래로 피하였는데, 큰 호랑이가 앞에서 으르렁거리고 있었다. 목조가 여러 아이들에게, 호랑이가 여러 사람을 동시에 해할 수는 없는 일이므로 단지 한 사람만 살상할 것이니 누가 희생물이 될 것인지 옷을 던져 시험해보자고 했다. 그러자 여러 아이들이 네가 제일 나이가 많으니 먼저 옷을 던지라고 했다. 목조가 옷을 던지자 호랑이가 그 옷을 씹는지라 여러 아이들이 목조를 밀어내었다. 그러자 호랑이가 도망쳐 달아났으며, 이때 갑자가 언덕이 무너져내려 여러 아이들이 모두 깔려 죽었으나, 목조만은 살아날 수 있었다. 그 돌이 물 가운데 지금도 완연히 남아 있다고 쓰여 있다.

한옥마을 둘레길의 각시바위와 서방바위

1403년(태종 3년) 전주부全州部 사정射亭, 현재의 서서학동西捿鶴洞. 황혼이 어둑어둑 내려앉을 무렵에 학들이 온화한 숲 속에 보금자리를 튼다고 하며, 또한 학들의 살아가는 아름다운 지역이라 해서 서서학동이라 명명했다는 애틋한 사랑이야기가 전해집니다.

원님의 딸 연화 낭자와 정판서의 손자 정용과의 애틋한 사랑과 부부의 사랑이 담겨 있는 전설입니다. 화살을 맞은 학을 치료한 인연으로 만난 정용과 연화는 서로를 잊지 못해 부모님의 반대에도 학마을 깊숙한 골짜기에 보금자리를 마련합니다.

하루는 뒤숭숭한 꿈자리로 정용의 사냥을 연화가 말리지만 정용은 오히려 연화를 다독이고 숲 속으로 나갑니다. 깊은 산속에서 만난 멧돼지로 인한 위험에서 가까스로 살아남지만 결국 호랑이를 만나 계곡에서 떨어져 죽음을 맞이합니다.

매일 같이 바위에 올라가 남편을 기다리던 연화는 산골짜기에서 말과 호랑이와 남편이 물에 떠내려오는 모습을 보고는 이성을 잃고 물속으로 뛰어듭니다. 그때부터 전주천에 있는 바위를 각시바위라 부르게 되었다고 합니다. 치명자산성지 주차장을 지나 병원 하나가 보이는데요, 바로 그 앞이 허소라 시인이 창작한 〈각시바위〉입니다.

각시바위

서방님

서방님

모두들 나만 두고 흘러가지만

서방님 한 분이면

매인발 떨어질 것을.

남 다 자는 깊은 밤이면

어둠에서 풀려난 떠돌이의 넋

물소리에 젖어 흐르고

이 세상 제 몫의 죽음이 있는데

어쩔 거나요 어쩔 거나요

한 줌 재도 못 되고

해와 달 흐르는 구름

모두모두 적셔가는데

서방님 없는 이곳

온전히 거꾸러지게 하소서. 무너지게 하소서

다만 서방님 곁에서.

그렇다면 전주 사람들은 각시바위에서 무슨 일이 있었을까요.

1959년 7월 5일 각시바위 근처 냇가에서 낚시를 하던 물에 포위되었던 시민 6명이 소방대원 35명과 경찰관 25명이 합동 구조 작전으로 구조되기도 했습니다. 앞서 1957년 8월 20일 전주경찰서가 낮에 전주천에서 나체로 목욕을 하는 것을 삼가 해달라고 했습니다. 적발되면 처벌이 불가피하므로 각시바위 부근에서만 해줄 것을 거듭 당부했습니다.

각시바위까지 걷는 한옥마을 둘레길은 교동 한옥마을에서 대성동 전주천 상류까지의 7㎞ 구간으로, 공예품전시관을 출발해 이목대, 오목대, 양사재, 전주향교, 한벽루 등 한옥마을의 주요 명소를 둘러본 뒤 전주천을 따라 치명자산 입구, 바람 쐬는 길, 각시바위, 서방바위까지가 코스입니다. 서방바위 이야기는 자살과 끝난 각시바위와 다른, 익사설로 전하고 있습니다.

아주 먼 옛날, 마을로 시집을 오게 된 신부가 있었다. 신부를 태운 꽃가마가 깊은 여울물을 옆에 낀 비좁은 산길을 따라 신행길을 재촉하던 도중, 그만 가마꾼의 실수로 이끼가 뒤덮인 바위에 발을 헛디디는 바람에 꽃가마가 절벽에서 굴러떨어져 신부가 물에 빠져버렸다. 뒤따르던 신랑이 그것을 보고 신부를 구하려는 일념으로 물속에 뛰어들었다. 그러나 신랑 신부는 물속에서 한참을 허우적거리기만 하다가는 결국 둘 다 불귀의 객이 되고 말았다.

설화 속 비극의 주인공인 젊은 부부는 자신들의 생애를 수많은 전주 사람들의 기억 속에서 두고두고 보상받고 있습니다. 각각 각시바위가 되고 서방바위가 되어 천년만년 해로하는 것으로, 이승에서 누리지 못한 단꿈을 설화 속에서 영원히 이어가고 있지 않나요. 그들 부부는 전주 땅에 그리고 전주 사람들의 마음속에 아직도 살아 있습니다.

한벽당 아래 휘도는 전주천 물줄기를 거슬러 오르면 중바위에서 애기바위, 각시바위, 서방바위가 차례로 얼굴을 들이밉니다. 내친 김에 더 들어가면 정여립 생가 터에 물길을 잡아 돌려 휘돌아가게 만든 소沼

까지 이어 가봄직 합니다.

서방바위에서 약 3~4㎞ 올라가면 월암이라는 바위산이 있고, 그 아래가 조선조 선조 임금당시 기축옥사己丑獄事의 주인공 정여립의 생가가 있습니다. 정여립이 역적의 누명을 쓰고 자결을 하자 삼족을 멸하고 그의 생가주변을 역도의 땅이라 하여 파헤쳐 버리고 소를 만들어 버렸다 합니다. 지금도 월암 건너편 마을 명칭이 '댁건너 마을'인데 정여립댁 건너라는 뜻입니다.

정여립의 역적 모반은 누명에 의한 것으로 당파싸움의 희생양이 되었다는 것이 전주 사람들의 한결같은 믿음입니다. 고려시대에는 태조 왕건이 '차령 이남의 사람을 등용하지 말라'는 말로 인해 이 지역 사람들이 벼슬에 나갈 길이 막히지 않았던가요.

정여립의 한 서린 눈물이 베인 길. 정여립이 어린 시절을 보냈다는 남문 밖의 파쏘 아래 집터는 파헤친 후, 숯불로 지져 그 맥을 끊었다는 신정일 우리땅걷기 이사장의 설명입니다. 월암마을 한 모서리가 바로 그 파쏘 자리였던가요. 완주군 월암교와 또 다른 곳에도 생가터라는 안내문이 보이고 있는 바, 참으로 세상이 무섭네요. 예전에는 정여립의 '정'자도 말할 수 없었던 때가 있었으니까요. 진동규 시인은 그의 시에서 파쏘를 이렇게 노래합니다.

살던 집은 텃자리까지 파버렸습니다. 그 이웃까지 뒤집어 파서 앞내 끌어 휘돌아 가게 하였습니다. 깊고 깊은 소를 만들어 버렸지만 그때 그 집 주인이 반역했다고, 그래서 전주천 물이 거꾸로 흐른다고 소문내고 그런 속셈을 알 만한 사람은 다 압니다. 댁 건너 마을 사람들은 상죽음上竹陰, 하죽음下竹陰하면서, 구름처럼 모여들었던 선비들의 죽음 그때 죽음을, 서방바우, 각시바우, 애기바우, 그 피울음을 상대 건너 하댁 건너 점잖던 자기 마을 이름 위에 불러보기도 해 보지만 어떻게 변명 말씀 한 번 엄두를 못 내고 죽어지내 왔습니다. 그 집 뒷산 월암에 달이 뜨면 댁 건너 사람들은 월암 아래 소에 들어 대수를 잡는 답니다. 관솔불들을 밝히고 주춧돌 기둥뿌리 항아리 깨진 것, 뭐 그 집주인 뱃속까지 빨아 먹고 자란 대수리들을 잡는 답니다.

그런데 그 대수리(다슬기)를 잡던 소는 파쏘가 되었다니 흔적도 없고 산을 넘고 저수지가 나오니 그 물에서나마 파쏘를 상상해 보기도 합니다. 많은 사람들이 이곳을 방문하면 정여립의 대동정신을 재평가하는 계기가 될 수 있을 것 같네요.

위로 한참을 더 가면 노구바위가 모습을 드러냅니다. 춘향전 속의 이몽룡은 노구바위를 지나 오수에서 하룻밤을 묵고, 이튿날 해 돋을 무렵 부임지 남원으로 향하게 됩니다. 관문 밖의 용암리 노구바위마을에는 주막과 여인숙이 성업을 이루었다는 얘기가 지금도 전하고 있습니다.

바위에 글씨를 쓴 이삼만

한옥마을 자만동은 조선후기의 명필 창암蒼巖 이삼만李三晚의 태생지 입니다. 이곳은 많은 편액과 암각서가 주변에 있어 시문과 풍광에 취하면 과거 속으로 빠지는 것은 시간문제입니다. 한벽당 옆에는 여름철이면 찾을 만한 시원한 철도굴이 있으며, 매화 향기를 찾아가는 소로도 있습니다.

한벽당 옆 자만동 옥류암에는 최담 유허비와 창암 이삼만의 암각서가 버젓이 존재하고 있지만 관찰력 뛰어난 나그네가 아니면 지나치기 십상입니다. 창암이 자만동에 살 때 쓴 작품으로 알려져 있는 이곳 암각서는 전서, 해서 등 비교적 다양하며 바위에 '연비어약鳶飛魚躍'이란 글자가 새겨져 있었습니다.

지금은 자취를 찾아보기 힘들지만 이 글씨를 빗돌에 고스란히 새긴 바, 덕진 채련공원으로 옮기면 만날 수 있습니다. 무엇보다도 조선후기 3대 명필의 한 사람인 창암의 체취를 느낄 수 있다는 점에서 더할 나위 없습니다.

그는 어려서부터 글씨쓰기에 몰두하고 병중에도 하루 1,000자씩 연습, 벼루를 세 개나 구멍을 냈다고 전합니다. 부유한 가정에서 태어났으나 서예에만 정진, 마침내 가산이 탕진되었으며, 글씨를 배우러 오는 사람이 있으면 한 자 한 획을 가르치는 데 한 달씩이나 걸렸습니다.

이곳의 바위 위에 글씨 연습을 해서 일부가 아직도 남아 있습니다. 한벽당 바로 옆 공터엔 창암의 출생이라는 풍말은 없지만 바위에 '취리한중 건곤일월醉裏閑中, 乾坤日月'이란 글귀를 지금도 볼 수 있으며, 글자 미상의 전서도 모습을 드러내지만 '옥류암玉流巖'과 '연비어약鳶飛魚躍', '수풍水風', '백화담百花潭'이란 글씨는 볼 수 없습니다.

한편 한벽당 바로 밑 바위엔 '매화 향기를 찾아 가는 작은 소로'라는 뜻의 심매경尋梅逕이란 암각서가 있습니다. 심매경 암각서를 보고 '바람 쐬는길'을 따라 매화 향기를 찾아 꽃구경 한 번 가면 참 좋지요.

한옥마을을 방문한 여러분들은 요즘 어떻게 살고 있나요. 당신은 오늘 '고목생화枯木生花' 즉 마른 나무에 꽃이 피는 때인 만큼 불우했던 사람이 행운을 만나거나, 늙은 사람이 생기를 되찾는 꿈을 꿀 것 같습니다.

초록바위 등 바위를 보면서 스스로를 혼이 담긴 달걀이라고 생각하면서 심기일전하거나 또는 충전의 기회를 충분히 갖는 가운데 삶의 둥지로 돌아가기를 바랍니다. 혼이 담긴 달걀은 바위를 깰 수 있습니다. 꿈은 실패할 때가 아니라 포기할 때 끝납니다.

둘레길과 실개천으로
싸목싸목 마실 나와요

전주천에 배를 띄우던 시대가 있었습니다. 구 전주극장 서쪽 모퉁이에 대공손수大公孫樹라는 큰 은행나무가 있었는데, 이 나무에 배를 매었다는 말이 전해지고 있습니다. 전주에서도 뱃놀이를 했다는 것은 그리 과장된 사실만은 아닙니다.

영조조 관찰사 홍낙인의 『패서문루기沛西門樓記』를 보면, "배와 달구지가 서로 함께 나란히 미치는 곳"이고 해서 서문 밖의 풍경에 뱃놀이의 모습을 엿볼 수 있습니다. 이는 서문 밖 기전여자대학과 어은골 사이의 마을 명칭이 배마을舟洞인 것으로 미루어도, 전주천에 떠 있는 배 모습을 상상할 수 있습니다.

예전처럼 남천의 무지개다리 앞에서 빨래를 할 수는 없지만, 다슬기를 캐고 붕어와 피리 등을 잡으면서 미역을 감을 수는 없어 다소 아쉽지만, 요즘은 한옥마을에서 적당히 높은 정자의 난간에 지나는 사람들의 표정을 바라보는 동안, 쫄쫄거리는 실개천의 물소리가 귀에 아주 익숙합니다.

　물장난하는 아이들의 구김살 없는 웃음소리 사이에 어디선가 개구리 울음 소리가 들리는 듯, 내 유년 시절 검정 고무신에 미꾸라지 잡던 그 추억이 새롭습니다. 자만동 묵샘골은 물맛이 좋기로 이름나 있어 녹두묵 묵샘골로 빚으면 그 빛깔이 하도 곱게 물들어 차마 먹기 아까울 만큼 노란색이 선명했다고 하는 바 지금도 물길이 흐르고 있습니다.

　한옥마을 대청마루에 앉으면 지붕 위에 걸린 쪽빛 구름이 눈에 들어와 닿고, 날렵한 처마 곡선을 훑고 지나는 바람에 조심스레 풍경이 울리면 행여나 내 님이 올까 까치발로 서성입니다. 이내 밤이 오면 창호에 은은한 달빛이 새어 들고, 마당엔 한가득 별빛이 쏟아지는 가운데 긴 돌담 사이로 날아갈 듯 한옥의 추녀도 이에 질세라 사뿐히 치켜들고선 조심스레 길손들을 맞습니다.

　한옥마을에는 교동, 풍남동 일대의 한옥촌은 우리 모두를 위한 거대한 숨구멍입니다. 미로처럼 얽힌 골목과 골목, 더덕더덕 붙은 집과 집 사이를 거닐 때마다 그동안 잃어버린 체온을 고스란히 주워 담게 됩니다.

새소리, 물소리 고요한 7,054m의 둘레길

　지금, 전주는 명실상부한 대한민국 제1의 여행의 도시가 되었습니다. 주말이나 평일 가릴 것 없이 전주 한옥마을은 전주천 등 곳곳마다 여행자들로 북적거립니다. 언제나 멋스러운 한옥마을이지만 사람이 많은 시간대는 잠시 그 중심에서 벗어나 한적한 길을 걷고 싶어지기도 합니다. 그래서 찾아보니 전주에는 걷기 좋은 길들이 참 많습니다.

한옥마을 둘레길의 또 다른 이름은 '숨길'로 천년전주마실길, 도란도란 시나브로길, 덕진생태탐방길, 아름다운 순례길, 천년고도 옛길, 선비의 길, 그리고 한옥마을 둘레길 등 지도를 따라 그어진 길들을 보고 있자니 당장 모든 길을 하나하나 걸어보고 싶어집니다.

한옥마을과 주변 지역을 도보하며, 역사와 자연생태를 만끽할 수 있어 많은 사람들의 사랑을 받고 있습니다. 환경 정비를 마친 것은 물론 숨길 안내표지판 36개소, 도보 편익시설 등을 설치한 가운데 싸목싸목 걸어가면서 역사와 생태문화를 사색할 수 있도록 탐방로 곳곳에 스토리가 있는 학습표지판을 설치하는 한편 이야기가 있는 둘레길을 만들어 놓았습니다.

'전주천 스토리'는 완주군 슬치와 박이뫼산 발원지에서 북서쪽으로 흘러 전주 도심을 관통해 삼천과 합류하고 만경강에 이르는 41.5km로 천연기념물 수달과 수리가 살아 있으며, 억새군락의 풍경이 더없이 아름답습니다.

둘레길은 한옥마을 공예품전시관 주차장을 출발해 한옥마을 당산나무, 오목대 쉼터, 양사재, 향교, 한벽루, 전주천 수변생태공원, 치명자산 성지 입구, 88올림픽 기념숲, 바람쐬는 길, 전주천, 서방바위, 각시바위, 자연생태박물관, 구 철길터널, 이목대, 오목대 육교, 오목대 정상, 공예품전시관 명품관으로 이어집니다. 무엇보다도 한옥마을 둘레길은 한옥마을에서 출발해서 주변을 돌아 다시 한옥마을로 돌아오는 2

시간 남짓의 부담없는 코스여서 더 매력적으로 다가옵니다.

길의 시작은 전주공예품전시관으로 섬유관, 전통상품관, 기획관, 체험관, 공예관, 명품관, 한지관, 바이전주관, 문화마당으로 구성된 바 전주의 아름다운 공예품들을 볼 수 있는 곳입니다. 공예품전시관을 오른쪽에 끼고 옆 골목으로 들어서면 한옥마을 둘레길을 알리는 안내문과 지도를 만날 수 있습니다.

작은 동산에 몇 발자국을 오르면 당산나무를 만나게 됩니다. 오목대 탐방로에 우뚝 선 500년 된 느티나무는 한옥마을의 안녕과 평화를 지켜온 터줏대감입니다. 오래전부터 동네 주민들의 무병과 평온무사를 기원하는 당산제가 매년 음력 1월 15일 이곳에서 열린다고 합니다.

올 초에 기원했던 소원들이 아직도 힘을 내서 새끼줄에 매달려 있는 것을 보니 아마도 올 초에 이곳에서 소원을 빈 사람들의 바람은 이루어지고 있는 모양인가요? 오목대 탐방로에 오르면 이곳에서는 곡선의 용마루들이 한눈에 펼쳐지는 한옥마을의 아름다움을 볼 수 있으며, 둘레

전주 한옥마을 다시보기 2

숨길

길의 돌아오는 길에 들르게 되므로 옆으로 지나갑니다.

　탐방로를 내려가면 쌍샘길이 모습을 드러냅니다. 한옥마을 내에서도 외진 곳에 있어 거리의 풍경이 한산해지는 것을 느끼게 됩니다. 이곳에도 한옥에서 하룻밤을 보낼 수 있는 곳들이 여러 곳 있어 조용한 밤을 보내고자 하는 여행자들이라면 이쪽에 숙소를 정하는 것도 괜찮습니다.

　쌍샘길이라 불리게 된 것은 과거 마을의 공동우물이었던 '쌍시암'이 있던 곳이기 때문입니다. 5~6년 전까지만 해도 두 개의 우물 중 하나는 남아 있었지만 도로가 생기면서 그마저도 없어졌습니다. 쌍샘길을 건너면 '양사재'를 만날 수 있는데요, 전주향교의 부속 건물입니다.

서당에서 공부를 마친 재능 있는 청소년들이 생원, 진사 공부를 하던 곳으로 1950년대에는 가람 이병기 선생이 기거하기도 했었던 유서 깊은 곳으로, 현재 게스트하우스로 이용되고 있습니다.

한옥마을 둘레길은 바로 전주향교로 이어집니다. 향교에서는 매달 음력 초하루 보름에 사당에 향불을 피워 올리고, 매년 봄, 가을에는 석전대제를 지냅니다. 행정기관의 후원을 받아 향교의 선비들이 주관하여 치렀던 이 제사는, 공자의 뜻을 기리는 행사에 다름 아닙니다.

다시 둘레길을 걷기 시작하면 곧 전주천을 따라서 걷게 됩니다. 그리고 곧 한벽당이라는 작은 정자와 마주하게 됩니다. 한벽당은 승암산 기슭 절벽을 깎아 세워진 누각으로, 조선 건국에 큰 공을 세운 최담이 지은 별장으로 지은 건물입니다. 누각 아래로 사시사철 맑은 물이 흐르는데, 바위에 부딪혀 흰 옥처럼 흩어지는 물이 시리도록 차다하여 '한벽당'이란 이름을 붙였습니다. 과거의 경우, 한벽당에는 시인 묵객들이 쉴 새 없이 찾아와 시를 읊고 풍류를 즐겼다고 하지만 지금은 여행자들의 휴식공간이 되고 있습니다. 신발을 벗고 들어가 유유히 흐르는 전주천을 바라보면서 뜨거운 햇살을 피해 휴식을 취할 수 있는 게 자장 큰 매력인지도 몰라요.

전주향교에서 한벽당으로 향하는 길, 전주천 옆에는 오모가리탕 집들이 나란히 자리하고 있습니다. 오모가리는 뚝배기를 말하는 전주 사투리입니다. 사람 수에 따라 크고 작은 오모가리에 메기, 쏘가리, 피라미, 빠가사리, 잡고기를 얼큰하게 끓여낸 매운탕을 오모가리탕이라고 합니다.

한벽당에 앉아 맛있는 음식을 먹었을 조선 사람들처럼 전주천 옆 야외 평상에서 오모가리탕을 먹을 수 있습니다. 한벽집, 화순집, 남양집, 김제집 등 오모가리탕 가게들이 오랜 시간 그 자리를 지키고 있습니다.

좁은목은 전주천을 따라 전주로 들어오는 첫 동네입니다. 드나드는 길목이 좁다는 뜻인데요. 남고산 자락과 승암산 자락이 마주 서있고, 그 사이로 전주천이 흐르는 까닭에 예전부터 바람이 많아 전주 3대 바람통의 하나로, 수질이 좋아 좁은목 약수터가 유명합니다.

주변에 보니 전주시 공영자전거 대여소가 있어 또 다른 즐길거리를 제공합니다. 승암사는 둘레길 바로 옆에 있는 작은 사찰입니다. 둘레길에서 짧은 계단만 오르면 바로 만나게 됩니다. 승암사는 신라 헌강왕 때 도선국사가 창건한 고찰로, 근세에는 해안 만응 대종사들이 주석하면서 한벽선원 승암강원 등을 개설해 이 지방 불교계의 학풍을 크게 진작시킨 곳입니다.

소장된 『묘법연화경』은 부처님이 세상에 출현하신 근본의 뜻을 밝히신 경전으로 1443년에 효령대군 등 많은 왕실의 종친들이 세종대왕의 만세와 태종대왕의 극락왕생을 부처님께 빌기 위해 간행했습니다.

한벽굴

이 가운데『금강경오가해』는 1558년에 간행된 불서로서 현존하는 판본이 매우 희귀하며 자료적 가치가 크다는 평가를 받고 있습니다.

전주 시내를 벗어나 남원 방향으로 접어들면 왼쪽에 가파르게 솟은 승암산僧岩山에는 전북 기념물 제68호 천주교 순교자묘가 자리하고 있습니다. 1801년의 천주교 탄압이 일었던 신유박해 때, 호남의 천주교 사도 유항검(아우구스티노)과 그의 아내 신희, 동정부부로 유명한 장남 유중철(요한)과 며느리 이순이(루갈다), 차남 유문철(요한), 제수 이육희 그리고 조카 유주성(마태오)이 순교했습니다. 일곱 순교자들이 처형되자, 교우들이 유항검의 고향 초남리와 인접한 제남리에 이들을 임시로 묻어두었다가, 1914년 전동성당 보두네 신부와 신자들이 이곳으로 옮겨 모셨습니다.

해발 300여 미터에 이르는 승암산은 원래는 '중바위산'으로 불렸으니 중이 고깔을 쓴 모양이어서 얻은 이름입니다. 하지만 '승암산'이 고유 이름임에도 불구, 사라져 온데간데 없고 요즘엔 '치명자산'이라는 말만 보입니다.

'치명자산致命者山'의 치명자는 순교자를 의미하는 말입니다. '치致'자는 '통감' 등 문헌에 종종 나타나듯, '맡기다委', '버리다'의 의미를 갖고 있기 때문입니다. 자기가 믿는 종교, 즉 신앙 때문에 박해를 받아 목숨을 잃은 사람을 의미한 까닭에 한국 천주교회가 박해받던 시기에 교우들이 쓰던 말로, 현재는 순교殉教로 바꿔 쓰고 있습니다.

둘레길은 천주교 성지인 치명자산 성지 입구를 지나게 됩니다. 치명자산을 오르내리는 것은 생각보다 꽤 품이 드는 일인데다가 둘레길은 입구만 지나가게 되어 있어 오를지 말지 잠시 고민했지만 걸을수록 즐거움이 커지고 있으므로 조금이라도 걷는 시간을 더 갖기 위해 치명자산에 오르게 됩니다.

한옥마을 주차난 해소를 위해 치명자산 성지 인근에 대규모 주차장이 조성됐습니다. 주차난 해소와 더불어 관광객들이 전주천을 따라 한옥마을까지 이동하면서 친환경적인 주변 경관과 접할 수 있는 새로운 관광코스가 될 것으로 기대됩니다. 하지만 이 일대를 치명자산 성지와 승암산이라는 명칭을 병기, 사용해야 함이 마땅합니다.

명자산성 지에서 내려온 후 88올림픽기념숲, 서방바위, 각시바위로 돌아서 다시 한옥마을로 향합니다. 그 사이 이목대를 지나게 되는데, 바로 그 이목대가 자만벽화마을에 자리하고 있습니다.

전주천 각시바위는 학이 이어준 애틋한 사랑과 이별이 담겨져 있습니다. 1403년, 원님의 딸 연화낭자와 장판서의 손자 정용은 학이 사는 전주 서학동에서 운명적으로 만납니다. 그러던 어느 날, 사냥에 나선 정용은 황소만한 호랑이의 공격을 받아 숨지고 전주천을 따라 떠내려오자 연화낭자는 물속에 몸을 던지게 됩니다. 그때부터 이 바위를 각시바위로 부르고 있으며, 지금은 부부와 연인들이 사랑을 확인하는 장소로 각광을 받고 있습니다.

둘레길은 자만 벽화마을 앞으로 지나가게 되어있지만 골목골목 펼쳐진 벽화들을 보고 있자니 나도 모르게 마을로 들어가게 되었습니다. 서예가 여태명 씨의 한글박물관, 자만동 금표, 이목대 앞을 반드시 지나가야 합니다.

이목대는 이성계의 4대조 할아버지인 목조 이안사의 출생지라고 전해지는 곳입니다. 1900년에 이곳이 목조가 살았던 터임을 밝힌 '목조대왕구거유지'라는 고종의 친필을 새긴 비석을 만날 수 있습니다.

　오목교를 건너면 만나게 되는 오목대는 목조대왕이 자연의 풍광을 즐기며 노닐던 곳으로 목조가 자라면서 자만동에서 호랑이와 싸웠다는 설화가 전해집니다. 또, 1380년(고려 우왕 6년) 이성계가 남원 운봉 황산에서 왜구를 무찌르고 돌아가는 길에 이곳에 들러 종친들과 전승축하 잔치를 벌인 곳으로 유명합니다.

　오목대와 전주공예품전시관을 오가는 계단이 한옥마을을 가장 잘 볼 수 있는 뷰포인트입니다. 아마 전주한옥마을을 여행한 사람들이라면 모두 그곳에서 사진을 찍어 사진 한장씩은 가지고 있지 않을까 싶습니다. 너무나 순식간에 한옥마을 둘레길을 둘러보았다고 생각했는데 치명자산 성지, 자만벽화마을까지 둘러보고 왔더니 2시간이 어느새 지나갔습니다.

벽화마을

실개천따라 낭만을 즐겨요

노송천은 전주시 동쪽에 위치한 기린봉 자락에서 발원해 건산천과 합류되는 옛 한진고속 정류장까지 총연장 3.4㎞의 하천으로 과거 전주 시민들의 물놀이터와 빨래터가 되어주는 등 시민들의 삶과 함께했던 곳으로 각종 희귀 물고기와 식물들의 서식지였습니다.

후백제 견훤의 궁궐터인 동고산성 인근 성황사 아래 작은 우물에서 솟아나온 물이 낙수정, 간납대를 지나 천년 전주의 도심 한복판을 가로 질러 흘렀던 것이 본래의 노송천입니다. 이는 나라를 세운 왕의 기운이 전주의 중심부를 관통하면서 골고루 퍼지는 형세를 취하고 있습니다. 또한 노송천은 전주고등학교 정문 앞 부근에서 전주의 4대 수호신 중의 하나인 기린봉에서 흘러 내린 물과 합류하여 그 세를 더하고 있습니다.

노송천 주변으로 전주시청을 비롯, 전주 최고의 상권인 중앙시장, 명문 전주고등학교, 팔달로를 중심으로 각종 관공서, 금융기관, 상업시 설 등이 즐비한 것도 노송천이 가지고 있는 기운과 깊은 관련이 있다고 볼 수 있습니다.

맞아요, 지금의 동부시장과 기린로가 마추치는 거리에서 전주시청 의 진입로 전북은행 노송천까지의 실개천은 북중학교와 전주고등학교 에 다닌 학생들의 지름길이었습니다. 전주여중 앞에는 지금도 남아있 는 느릅나무 한 그루 옆으로 시멘트다리가 만들어졌으나 굵은 전신주 2개를 묶어 걸친 게 전부여서 패싸움이 졸지에 발생해도 도망갈 길이 없어 자연히 제방 밑 인가의 대문을 열고 무단 가택 침입을 할 수 밖에 없었다고 송영상 전 전주문화원 부원장은 그때의 사정을 자세히 말해

줍니다.

하지만 노송천 주변은 풍남초, 남중, 중앙여중, 전주고 등 학교가 밀집돼 있어 시민들의 통행이 잦은 구간이었지만 길이 매우 협소해 안전문제는 물론 당시 생활하수가 여과 없이 노송천으로 흘러들면서 악취가 나는 등 주민들의 위생, 환경에도 악영향을 주었습니다. 결국 노후된 복개시설로 인한 안전사고의 위험과 도심환경의 황폐화, 도심 열섬현상 등의 문제점을 야기시키게 돼 하천 복원을 원하는 시민들의 욕구가 강하게 제기됐습니다.

때문에 1963년부터 하류 지역인 중앙시장 앞에서부터 연차적으로 복개공사를

실개천

하기 시작합니다. 이어 1991년에 이르기까지 3.4㎞ 구간을 복개 완료해 노송천은 시민들의 기억 속에서 사라지고 콘크리트와 아스팔트 도

로가 그 자리를 대신하게 됩니다.

시간이 흐르면서 삶의 질에 대한 관심이 높아지고 복개도로의 안전에 문제가 발생하면서 노송천을 복원해 시민들에게 아름다운 도시환경을 제공해야 한다는 여론이 높아졌습니다. 2005년 청계천 복원사례를 통해, 도심의 열섬현상을 저감시킬 뿐만 아니라 공동화되어가는 구도심의 활성화에도 상당히 긍정적인 효과를 주는 것으로 나타났습니다.

이에 전주시가 2007년부터 노송천을 자연형 생태하천으로 복원하는 계획을 수립해 깨끗한 생태환경 조성, 도심경관 개선 및 시민들의 휴게공간 조성, 혈맥잇기를 통한 문화관광자원 개발 등의 당위성을 바탕으로 환경부로부터 국가예산을 지원받아 전국의 모범적인 하천복원의 선도 사업으로 추진합니다.

노송천 복원 프로젝트를 통해 어두운 콘크리트에 갇혀 있던 노송천이 47년 만에 물고기가 놀고 아이들의 웃음소리가 퍼지는 생태 하천으로 복원해 시민들의 사랑을 듬뿍 받는 생명의 땅으로 재탄생하게 됐습니다. 도심 한가운데 노송천이 맑은 물이 흐르고, 행복한 미소를 지으며 물가를 거닐 수 있는 행복한 공간이 된 까닭입니다.

새로운 시가지 개발로 점점 침체되어가는 중앙시장 인근 구도심지역이 노송천의 물길이 새로 뚫리면서 전주의 기운을 받아 다시 옛 명성을 되찾고 활기가 넘치는 공간으로 다시 탄생돼 시민들을 맞이하고 있습니다. 깨끗한 물과 시원한 바람, 아름다운 도시디자인, 전주의 맛과 멋이 느껴지는 이 곳, 여기가 바로 천년전주의 물길이자 바람길, 그리고 사람의 마음이 통하는 길이 노송천입니다.

은행로 실개천을 걸으면서

한옥마을은 그 자체만으로 멋스러움을 간직하고 있습니다. 이를 바탕으로 한국관광의 별, 관광으뜸명소로 선정되었을 뿐만 아니라 국제슬로시티에 가입하는 등 전국 최고의 명소로 발돋움하면서 관광객 1,000만 시대로 순항하는데 큰 역할을 하고 있습니다.

독특한 사연을 지닌 한옥마을을 알리고자 전주를 사랑하는 사람들이 중심이 되어 '한옥마을 10경'을 선정하기에 이르렀습니다. 당시 송하진 전주시장을 비롯, 시인 김용택, 안도현, 전 언론인 양창명과 최태주, 소설가 이병천이 바로 그 주인공들입니다.

3개월 동안 송산 최명성 선생과 백당 윤명호 선생 등 한국화 작가들이 10경을 봄, 여름, 가을, 겨울 사계절에 맞춰 표현하고 소설가 이병천 선생의 시적 표현이 더해져 멋진 작품으로 탄생하기에 이릅니다.

우항곡절迂巷曲折: 굽이굽이 골목길마다 쌓인 곡진한 삶의 애환

한벽청연寒碧晴烟: 한벽당을 휘감는 알싸한 안개

행로청수杏路淸水: 은행로를 흐르는 맑은 실개천

오목풍가梧木風歌: 오목대에서 들려오는 바람의 노래, 이성계가 부른 대풍가

남천표모南川漂母: 남천교 부근에서 빨래하는 아낙네들의 모습

기린토월麒麟吐月: 기린봉이 토해내는 크고 둥근 달

교당낙수校堂落水: 전주향교 처마에서 떨어지는 낙숫물 소리, 곧 글 읽는 소리

남고모종南固暮鐘: 남고사의 노을 속 울리는 저녁 종소리

자만문고滋滿聞古: 자만동에서 들을 수 있는 수많은 역사와 설화

경전답설慶殿踏雪: 경기전 뜰에 쌓인 눈을 가만히 밟아보기

하지만 막상 설치된 작품을 보니 아쉬운 마음이 들었습니다. 입에서 입으로 전하던 한옥마을에 대한 애정이 담긴 구전이 '한옥마을 10경'이란 그림으로 규정되어버린 느낌 때문입니다. 한옥마을 10경은 재미있고 신선한 아이디어이지만 그 전달 방식에 있어 좀 더 이야기다운 진지한 고민이 필요하지 않나 싶습니다. 아름다운 것과 아름다워 보이는 것이 서로 다르기 때문입니다.

사람은 거짓말을 곧잘 하지만 삼라만상은 정직한 모습 그대로를 드러내 보입니다. 청아한 하늘 한 번 바라보고 시선을 아래로 하니 억새가 곱디고운 누님처럼 빛납니다. 싸드락싸드락, 사부작사부작, 싸목싸목 이것저것 해찰하며 걷고 싶은 길을 걷는데, 답답했는지 차를 타라고 하는 지인들이 있다면 조금은 화를 낼 수도 있습니다.

발길 닿는 대로 전주천을 가다가 멈춰 서는 지혜를 마실길을 통해 종종 체득합니다. 이젠, 빠른 길로 가고 싶지 않아요. 고속으로 가는 길은 언제나 위험하고 집중과 긴장 때문에 너무 피곤해요. 제가 그만큼 자신감이 없고 소심해서 인지도 몰라요.

마실길을 가다가 실수를 할 때면 상처나지 않는 풀밭에 편하게 쓰러지면 그만이므로 전혀 부담이 없습니다. 군것질을 하며 가도 좋고, 물수제비를 던질 때면 미움도 원망도 순식간에 날려 버리지요.

은행로 실개천을 아주 천천히 걸으면 귀가 열려 산새 소리가 들리

며, 코가 열려 솔향이 맡아지며, 눈도 열려 아주 예쁜 아이들의 모습도 보입니다. 오솔길을 자분자분 걷는 기분이라면 어느새 마음의 문이 열려 다른 세상으로 접어듭니다.

남들이 가는 속도에 뒤질세라 걱정하는 마음을 종이비행기에 고이 접어 날려 보세요. 저더러 바쁜 세상에 한가하다고, 한심하다고 더러 말을 할지도 모르겠습니다만 지나온 길을 한 번 되돌아보세요. 아마도 느끼는 게 있을 겁니다. 천천히 걸어도, 빨리 걸어도 우리에게 주어진 시간은 오직 같아 한세상이라고 하지 않나요.

일상에 파고드는 떠남의 역마살은 분주하게 떠돌아다니는 자만의 특권입니다. 쉽지 않기 때문에 아주 큰 특혜인지도 모릅니다. 내가 마음의 문을 열고 낮은 자세로 손을 내밀었으므로 삼라만상이 들어오는 지도 몰라요.

진짜 여행은 행선지를 떠나는 게 아니라, 그곳에서 자아를 만나 대화를 하는 것이 아닌가요. 그래서 여행은 무거운 짐을 내려놓음이 시작입니다. 몸이 고장 나면 약이라도 있지만 마음이 고장 나면 만 가지 약도 아무 소용이 없습니다.

삶은 마실길, 시나브로 발길 닿는 대로 가다가 멈춰 서면 바람이 전하는 말을 듣는 사람들이 많았으면 참 좋겠습니다. 그래서 마실길 같은 삶을 꿈꾸는 사람들은 참 행복합니다. 전주의 '길'을 따라 마실을 가보시기 바랍니다. 한옥마을을 가장 확실히 즐기는 또 하나의 방법! 그것은 전주의 '길'을 따라 마실을 가는 방법 말고 또 다른 방법은 없습니다.

전주
한옥마을
다시보기 2

전주 선비,
일본과 싸우다

당신에게 당부하오니, 전주 경기전을 방문한다면 조선왕조실록 보존 기념비와 전주향교 옆에 자리한 남안재 대문 앞에서 소주잔을 기울여야 합니다. 전주의 선비들이 조선을, 전주를, 전주향교를 굳건히 지켜냈기 때문입니다.

삼가 생각건대 호남은 국가의 보루이며 장벽이니 만약 호남이 없다면 곧 국가가 없는 것입니다. 이런 까닭에 어제 한산도에 나아가 진을 쳐 바닷길을 막을 계획을 세웠습니다. 이러한 난리 중에도 옛 정의를 잊지 않고 멀리서 위문편지를 보내시고 아울러 각종 물품도 받게 되니, 진중陣中의 귀물이 아닌 게 없어 깊이 감격하여 마지않습니다. 잘 모르겠지만 어느 날에야 더러운 적을 소탕하여 없애고 예전의 종유從遊하던 회포를 실컷 풀 수 있겠습니까. 편지를 대하니 슬픈 마음만이 간절할 뿐입니다.

　우리나라의 군비는 다 호남을 의존하고 있는데, 만일 호남이 없어진
다면 나라가 없어진다는 이 글은 1593년 7월 16일 이순신이 친구인 사
헌부 지평 현덕승에게 쓴 편지에 나옵니다.

　이순신에게 호남이 중요한 것은 단지 물길을 통한 왜군 보급로를 차
단했기 때문만은 아닙니다. '호남'이 아니라 '호남인'들은 구국의 상징
이었기 때문입니다. 조선이 망할 무렵에 마지막 민초들의 구국항쟁인
동학농민운동도 호남을 기반으로 해서 일어난 운동이었지요. 『조선왕
조실록』이 후대에 전해질 수 있었던 것도 태인지방의 선비 손홍록, 안
의 등을 비롯한 지역인들의 죽음을 불사한 노고가 있었기에 가능한 것
이었습니다.

　임진왜란이 발발할 당시 전주로 통하는 관문인 금상이 왜군에 의해
점령당했습니다. 이어 웅치와 이치에서 접전을 전개하게 되자 전주성
이 위험에 놓였지요. 상황이 급박해지자 전라감사 이광은 학행과 지략
을 겸비한 유사를 선발해 참봉 오희길과 함께 실록과 태조어진을 피신
시키기로 합니다. 이에 태인의 선비 손홍록孫弘祿, 안의安義가 가동들을
데리고 경기전으로 급히 달려왔습니다. 당시 안의는 64세, 손홍록은
56세의 노구였습니다. 이때부터 안의와 손홍록은 몸을 돌보지 않고 사
재를 털어 실록과 어진을 보존하는데 사력을 다했습니다.

　경기전참봉 오희길과 유인, 안의와 손홍록, 무사 김홍무, 수복 한춘
등이 태조어진과 실록을 운반해 내장산 은적암에 도착합니다. 태조어진
을 용굴암龍窟庵으로 옮겼으며, 실록은 더욱 깊숙한 내장산 비래암飛來庵

으로 옮겼습니다. 이후 태조 태조어진도 비래암으로 옮겨 보관했습니다.

내장산으로 옮긴 후 수직의 책임자는 오희길이었으며, 안의와 손홍록은 하루도 떠나지 않고 교대로 실록과 태조어진을 지켰습니다. 이들과 함께 영은사의 승려 희묵熙黙과 무사 김홍무 등 의병 100여 명이 이를 지켰습니다.

『조선왕조실록』은 태조대부터 철종대까지 25대 472년간의 역사를 기록한 것으로 1997년 유네스코 지정 세계문화유산에 등재된 방대한 역사서입니다. 만약 전주사고본 마저 불타버렸다면 조선전기의 방대한 역사는 과거 속으로 묻혀버렸을 것입니다. 전주 선비들은 전란 속에서도 실록을 보존해, 병화로 사라질 뻔한 조선의 역사를 지켰던 것입니다. 전북지역뿐만 아니라 민족사에 있어 그 의미가 남다릅니다.

전주의 선비 3재와 이남안 선생

남안재南安齋 담장 안에 네댓 명 사람들이 앉아 쉴 수 있는 작은 정자가 하나 있습니다. 그곳에 '봉상천인 용세구연鳳翔千仞 龍勢九淵'이라 적힌 현판이 반짝거립니다. "봉황은 천 리 길을 날고 용은 구연九淵에 자리하고 있다"란 뜻입니다.

유학자 간재艮齋 전우田愚가 유학에서 말하는 도의 궁극을 설명한 글로 그는 조선말부터 일제강점기 때까지 활동하며 기호학파의 학맥을 이은 대학자입니다. 학문의 깊이가 매우 깊고 심지가 굳어 많은 제자가 따랐다고 합니다.

한벽당에서 바라본 풍경

　간재의 글이 왜 이곳에 있는 것일까요. 이는 한옥마을이 간재의 제자들이 모여 살던 곳이기 때문입니다. 간재의 제자 중에서도 중요한 세 제자를 특별히 '호남 삼재三齋'라고 말하는 바 금재欽齋 최병심崔秉心, 고재顧齋 이병은李炳殷, 유재裕齋 송기면宋基冕을 의미합니다.

　전주 교동에서 태어난 금재는 600년 된 그 은행나무를 심었다는 월당공 최담의 후예입니다. 금재의 성품과 학문의 깊이는 간재가 자신의 뒤를 이을 수제자로 지목할 만큼 심오했습니다. 스승인 간재는 "금재는 나에 못지 않은 학자이며, 그의 학문을 조선에서도 따를 사람이 몇 되지 않는다"고 칭찬을 아끼지 않았다고 합니다.

　금재는 일제 식민지배 강화로 우리 정신과 문화적 유산이 말살될 위

기에 처하자 이를 계승하고 후학을 양성하기 위해 옥류동에 '옥류정사
玉流精舍'라는 서당을 열고 자신이 강학하던 곳을 '염수당念修堂'이라 했
습니다.

그는 이곳에서 일제에 거세게 항거하며 천여 명의 제자를 길러냈지
만 일제는 이런저런 명분을 만들어 이들을 고발하거나 강압에 의해 강
제해산시키기에 이릅니다. 금재가 일제로부터 지켜내려 했던 한벽당
일화는 아주 유명합니다. 일제가 전라선 철로개설을 구실로 한벽당을
헐어버리려 하자 금재는 이에 강력히 항거하면서 한벽당을 지켜냈습
니다.

하지만 금재가 살았던 집과 서당은 남아 있지 않고 있습니다. 군경

묘지로 가는 순환도로 개설 때 강제 철거됐고, 그 후 새로 지은 집도 기린로 개설 때 헐려버렸습니다. 금재 후손과 제자들은 그를 기리기 위해 발산 중턱에 '옥동사'라는 사당을 지었으나 관리가 되지 않고 있으며 사당 아래 금재 묘는 누군가 인위적으로 훼손했고 서당터 표지판 또한 방치돼 있어 대유학자 혼이 이 시대에도 편하게 쉬지 못하고 있습니다.

1990년대 초에 고 홍현식 전북대 교수가 옥동사를 문화재로 지정해야 한다고 해서 기사를 쓴 기억이 또렷합니다. 그가 살았다고 전하는 전주한벽문화관의 풍물 가락이 참으로 애잔하게 들립니다.

간재가 금재 못지않게 학문을 격찬했던 고재 이병은은 구이에서 남안재南安齋라는 서당을 열고 강학에 힘썼습니다. 그러던 중 '염재야록 사건'이 터졌고 일제의 감시가 심해지자 거처를 옮겨 한옥마을로 들어왔습니다. 『염재야록念齋野錄』은 조희제趙熙濟가 야사로 엮은 독립운동사로 서문을 금재가, 발문은 고재가 썼고 이 일 때문에 두 학자는 나란히 옥고를 치러야 했습니다.

고재는 일제 단발령에 맞서 상투 자르기를 끝까지 거부하며 제자들과 함께 일제에 항거하며 조선 유학을 지켰습니다. 남안재 뒤편으로 조금만 오르면 고재 영정을 모신 남양사가 있는데 1966년 고재 제자들이 대나무 숲을 개간해 지은 사당입니다. 매년 봄과 가을 모여 영정 앞에 술을 올리고 글도 짓기도 한 곳입니다. 현재 남양사는 개인을 모시는 사당으로 전주에서 거의 유일하게 남아 있습니다.

또한 고재는 조선 유학의 불씨를 되살리고 위기에 처한 전주향교를 지켜낸 든든한 버팀목으로 활동했습니다. 고재의 최대 업적으로 전주향교를 지켜낸 일을 꼽을 정도입니다. 일제강점기를 거치면서 향교가

남양사

피폐해져 가는 것을 보다 못해, 원래 선비는 향교 출입을 자제해야 한
다는 원칙을 깨고 재건에 직접 나섰습니다. 계를 통해 자금을 마련해,
향교에 모셔진 성현들의 위패를 지키고 장서를 보존하는 데 힘을 썼습
니다. 그의 아들인 면와 이도형이 보존 작업의 선봉에 섰습니다.

　이도형은 일제 감시를 피해 고향인 구이에서 전주향교 인근으로 옮
겨 자리를 잡았습니다. 그가 향교의 위패와 장판각 목판을 지킨 것은
1945년 일제가 물러나고 광복이 된 후였습니다. 해방이 됐지만 1949년
문묘위패매안 사건이 일어났기 때문입니다. 이 사건은 우리나라 성인
인 18현만 향교 대성전에 봉향하고 그 외 위패는 매안하려는 것으로 간
재 문하 유생들의 반발이 심했습니다.

그는 부친 고재와 함께 112위 성현 위패를 끝까지 모시고자 저항했지만 끝내 없어지고 맙니다. 한국전쟁 당시에도 위패 수난은 멈추지 않았습니다. 인민군이 전주향교를 사무실로 썼는데 마구 버리는 바람에 면와는 위패를 몰래 벽장에 숨겼고 전쟁 후 복원시켰습니다.

그의 노력으로 전주향교에는 49위가 모셔져 있는 바 이는 전국 어느 향교보다 많은 것이라 합니다. 또, 장판각에 보관된 완판본 목판 역시 수만 장이 있었는데 그의 헌신적인 노력때문에 겨우 절반 정도를 지킬 수 있게 했으니 소중한 민족문화를 지키기 위해 그는 평생을 바친 셈입니다.

그렇다면 그의 생활은 어땠을까요. 늘상으로 먹던 반찬은 김치와 멸치조림, 그리고 인근에서 따온 푸성귀로 만든 무침 종류였다고 합니다. 그가 생존하던 당시에는 집안 여성들은 치마와 저고리만 입었다고 합니다. 설사 학교에서 양장으로 교복을 입더라도 집에 오면 치마와 저고리 차림새여야 했고 아침에 경전을 읽지 않으면 학교에 가지 못했습니다.

고재의 손자인 이남안 선생도 전주향교 일을 이어 돌보았습니다. 3대에 걸쳐 향교를 지킨 것입니다. 전주향교는 물론 전주시 강암서예관 등에서 그를 여러 번 보았는데요, 언제나 도포를 입고 다녔습니다.

이남안 선생은 한문 학습을 통하여 과거의 정신적 소산所産과 가치를 배우고, 창조적 자아를 이루어 나갈 수 있다고 말합니다. 그는 1983년 전주향교 일요학교를 개설할 당시부터 지금까지 20여 년 동안 강학을 담당했습니다. 국보급이라 불릴 정도로 연륜이 깊지요.

양반이 계급을 보이는 개념이라면 선비는 정신적, 도덕적 수준을 표상하는 개념으로, 이남안 선생은 그 선비의 실체가 무엇인지 '가까운 과거'에서 평생의 실천을 통해 보여준 셈입니다. 아직도 빛을 발하지 못해 미안한 생각이 들어서 다시 찾아 최근에 갔는데요, 이미 고인이 돼 이제는 전주향교 옆 그의 집 안으로 들어갈 수 없어 안타깝습니다.

과거의 기초 위에 현재가 있으며, 현재의 기초 위에 미래가 도래하는 것임을 부인하는 사람은 없을 터입니다. 옛것을 찾아 연구하고 새로운 것을 안다는 '온고지신溫故知新'은 자신을 살펴보기를 주저하지 않고, 미래를 창조적으로 개척해야 할 사람이라면 반드시 기억해야 할 정신입니다. 현명한 사람은 새로운 것이라 하여 무조건 받아들이지 않으며, 옛 것이라 하여 무조건 버리지 않는 법이기 때문입니다.

그러나 지난 이야기와 자취는 점점 사라지고 있으며, 이들과 관련된 상당히 중요한 유적들이 훼손되고 있습니다. 명필 이삼만이 새긴 것으로 추정되는 바위 글씨와 함께 금재 최병심의 서당터와 묘역이 제대로 된 이정표도 없이 방치되어 있습니다. 금재의 사우인 옥류정사는 폐허가 되어가고, 단아한 일자형 한옥이었던 성당 박인규의 구강재는 말로 형언할 수 없을 만큼 훼손이 심한 상태입니다. 고재의 남안재는 80년대에 시멘트집으로 개축된 후, 지금은 강암이 쓴 당호堂號만이 그 흔적을 증언할 뿐입니다.

전주향교 사무실 입구에 '공경하는 마음으로 일을 보라는 의미'의 경사재敬事齋는 편액이 보이는데요. 서자는 간재 전우로, 집재자를 이채 자로 썼으며 말년작을 의미하는 '간재노인'이란 협서가 보입니다. 젊은 시절 쓴 글씨와 많이 달라 보입니다.

2014년 1월 전주향교 앞에 '선비와 길을 걷다'라는 표지석은 송하진 전주시장(현 전북도지사)의 글귀는 전주향교 앞에 놓여있습니다.

> 선비는 자신을 알아주는 사람을 위해서 목숨을 바치고 士爲知己者死
>
> 여인은 자신을 사랑해 주는 사람을 위해서 화장을 한다 女爲說己者容

자객 '예양'이 자신을 아껴주던 주군 '지백'을 죽인 '조양자'를 암살하기로 결심하면서 했던 말이 생각납니다. 그래서 전주의 선비는 죽을지언정 모욕은 당하지 않았나요 士可殺而不可辱.

이병기 등 다른 선비들의 이야기 즐비

우리나라 대표 시조시인이자 국문학자인 가람 이병기는 1952년 전북대학교 문리과대학 학장을 맡으며 한동안 전주에서 활동했습니다. 그는 생애 절반을 일제 식민지배 치욕과 고통으로 얼룩져 있는데 창씨개명을 하지 않았고 우리말과 우리글을 지키면서 모진 시련을 감내했습니다. 대학에 재직할 당시 전주향교 부속건물인 양사재에서 지냈는데, 그가 있던 방을 지금은 가람다실로 부릅니다.

가람 서재에는 건란이나 풍란 등으로 채워졌고, 양사재 뜰에는 매화나 백련을 심어 항상 자연과 함께 생활했습니다. 1968년 고향 익산 수우재에서 숨을 거두었고 전주에는 다가산에 작고 1주년을 기념해 가람 시비가 세워져 있습니다. 시비에는 가람이 일제하에 쓴 시 〈시름〉이 새겨져 있습니다.

한편, '4대를 이어온 교동 선비집(교동 141-1번지)'은 4대를 이어 한시, 글씨에 조예가 깊은 한학자가 선비들과 함께 모여 강학을 하고 시를 지어 교유하던 곳으로, 주인이 바둑 고수였던 까닭에 조남철 등 이 지역 출신의 바둑 명인이 사랑채를 거쳐갔습니다.

지난 2007년 김제 금구면의 한옥 한 채가 전주시에 기증됐습니다. 인동장씨 종가 소유였던 장현식가옥은 더 이상 관리하기가 힘들게 되자 훼손을 막고자 결정됐습니다. 현재 한옥마을 전통문화연수원 앞에 위치한 이 한옥의 소유자인 장씨 일가는 일제강점기 때 교육자이자 독립운동가를 배출한 가문입니다.

일송 장현식은 독립운동 비밀결사체인 대동단의 운영자금 제공과 대동신문 발간의 재정을 담당했습니다. 또 항일운동 인재양성을 목적으로 중앙고등보통학교를 설립해 지도자 양성에도 헌신했습니다. 이후 일제에 체포돼 형무소에 투옥되기도 했으나 해방후 장현식은 제2대 전북도시자를 역임하기도 했습니다. 하지만 6.25전쟁 때 북한군에 납북된 후 그곳에서 사망한 것으로 알려져 있습니다. 남한의 장씨 집안은 연좌제로 고초를 겪었지만 그의 항일정신이 인정돼 1990년에 건국훈장 애국장이 수여되기도 했습니다.

여러분들은 '한옥마을 선비의 길 조성사업'이 진행됐음을 아시나요? 방치되어 있는 금재 사우, 구강재, 자만재 등 여러 유적을 보존하고, 그런 유적들을 목산 이기경부터 금재, 고재, 유재, 성당 등 간재의 제자들까지 스토리텔링으로 잇는 사업에 다름 아닙니다. 체계적인 연구와 스토리텔링 사업을 지속적으로 추진하는 것이 필요하다고도 강조했습니다. 무엇보다도 한옥마을 선비들의 삶을 무궁무진한 스토리텔링의 원천으로 꼽았습니다.

2시간이 소요되는 선비체험길은 최씨종대, 이목대, 창암암각서, 금재고택(전주한벽문화관), 완판본문화관, 전주시 강암서예관, 양사재, 남안재, 전주동헌, 전주향교로 이어집니다. 1시간이 소요되는 선비체험길은 전주향교, 남안재, 동산길, 오목대, 이목대, 창암암각서, 한벽당(한벽굴), 완판본문화관, 전주동헌으로 연결됩니다.

이경진 씨는 "사회문화적 가치가 크고 유·무형의 유산도 확실한 한옥마을 선비들을 주목하지 않는 이유를 이해할 수 없다. 더 늦기 전에 합당한 정책과 방안을 세워야 한다"고 말합니다.

지난 2008년에 한옥마을 선비들의 역사를 한옥마을스토리텔링용역사업을 통해 밝혀낸 전북대 함한희 교수는 "원래 스토리텔링사업은 한옥마을 사람들의 이야기를 발굴하자는 의도였는데, 조사를 하다보니까 한옥마을 선비들의 자취가 너무 커서 추가로 조사하게 되었다"고 과정을 설명했습니다. 하지만 전주가 더 이상 지원을 하지 않아 이미 조사된 내용을 책으로 발간하기도 힘들다고 전합니다.

함교수는 "지역사뿐만 아니라 국가적으로도 중요한, 한옥마을 선비들과 관련된 유·무형의 자취들이 방치되고 있어 가슴이 아프다"고 말했습니다. 또한, "조선말에서 일제초기까지 전주 교동은 전국적으로도 유래가 없을 만큼 선비들이 운집한 곳이었는데도 불구하고 정책에서 홀대를 받고 있는 것"을 안타까워하면서, 2006년도에 발표된 '전통문화구역 지구단위계획'에서조차 교동을 중심으로 한 선비마을이 포함되지 않았다는 점을 지적합니다.

한국고전번역원 전주분원, 한옥마을에서 글을 읽다

한국고전번역원 전주분원의 밤은 길고도 험난합니다. 직장, 학교,
사회생활로 인해 나른한 몸을 이끌고 밤에 수업을 받을 양이면 쏟아지
는 잠과 권태가 어깨를 짓누르지만 멈출 순 없습니다.

내려앉는 눈꺼풀을 차마 이길 수 없으면 세수를 하고 담배 한 대를
진하게 피우고 제자리로 돌아와 앉습니다. 잠시 후에 이어지는 소리 내
어 문장읽기. 잠은 어느새 사라지고 청정한 마음이 되어 고금을 오가며
나는야 장자도 되고 노자도 됩니다.

고전번역원 전주분원

때론 맹자의 빈틈없는 논리에 세상의 병폐를 생각해보고 통감을 보면서 끊고 맺는 이치를, 고문진보를 읽으면서 시속의 때를 벗겨내는 기회를 가져봅니다. 과거와 현재, 그리고 미래를 자유롭게 넘나들기 위한 과정인 만큼 결코 쉬운 일은 아닐 터.

물론 직장, 학교, 사회 동료로부터 들리는 무수히 많은 핀잔, 또는 볼멘소리도 모두 이겨내야 이 자리에 참여할 수 있습니다. 회식 자리에 준비된 술자리로부터의 유혹, 이 나이에 한문 공부를 해 무엇에 써먹으려고 하느냐, 주부가 집에서 아이나 잘 돌보면 그만이지 등등. 한국고전번역원 전주분원의 그렇게 자꾸 깊어만 갑니다. 그럴수록 옛 선비들의 삶 속으로 점점 더 빠져듭니다.

민족문화추진회 부설 국역역수원 전주분원은 한학의 명맥을 유지하고 있는 전라북도에 인재 양성의 필요성을 느껴 지난 1999년 3월, 부설 국역연수원 전주분원을 개원했습니다. 한문고전 국역전문인 양성기관으로 (재)민족문화추진회 산하에 설치된 국내 최초의 국역연수원 지방분원으로 태어난 것으로 초대 분원장은 김성환 전주대 명예교수가 맡았습니다.

전주가 조선 왕조의 본향이며, 완판본의 고장, 『조선왕조실록』을 보관한 바 있던 전주사고 등 문향이 고장이라는 사실을 따져본다면 전주분원 개관이 때늦은 일일 터입니다. 그래서 원로 국역자를 계승, 고전 국역을 담당할 인재의 양성과 국학 연구자의 한문 연수를 하고 있습니다.

이곳에선 『전북 선현 문집 해제(1)』 5권을 펴냈습니다. 유학자 간재 전우를 중심으로 간재의 학통과 연원을 보여주는 문인 10인과 간재의 문인 15인의 문집을 번역, 소개, 전주시민들로 하여금 전통문화를 아주

전주사고

손쉽게 접할 수 있는 길을 열어주었다는 평가를 받고 있기도 합니다.

이 작업의 출발점은 '전북정신의 원류를 찾는다'는 취지에서 비롯됐습니다. 수록 순서는 간재의 학통을 보여주는 10종 문집의 경우, 각 저자의 생몰 연대를 순서대로 정했고, 간재문인들의 15종 문집은 저서명의 가나다순으로 순서를 정리했습니다.

이같은 작업은 통상 서지를 중심으로 하는데 비해 내용을 중심으로 기술했다는 사실이나 소장처까지 확인할 수 있도록 꼼꼼한 배려가 돋

보입니다. 후속 작업으로 원문 번역 작업을 하며 구두를 찍어 영인을 하는 등 문화적 빛깔을 더욱 가미할 계획이라는 김 전 분원장의 설명입니다. 그러나 이를 뒷받침할 한문 번역사업이 절실함에도 불구, 행정 당국의 지원이 너무 인색해 문제입니다.

개원 당시 전주향교교육원에 붙어 살다가 다시 전북대학교 사회교육원으로 이전, 다시 전주향교 교육원으로 둥지를 옮기다가 한옥마을 전주성심여중고등학교 건너편으로 자리하고 있습니다. 한옥마을을 방문한 사람들로 하여금 본인이 소리내어 옛글을 읽되 이를 녹음으로 떠서 가져가며, 이곳에서 가훈을 찾아주는 운동을 하는 한편 제사 때 지방이라도 쓸 수 있도록 붓글씨를 가르치는 수업을 병행해봄직 합니다.

김성환 전 분원장은 "선현들의 글들이 아무렇게 무방 상태에 방치되어 있어 언제 어떻게 될지 모른다는 두려운 생각 등이 현실로 나타나 5년 동안 매년 한권씩 전북의 선현 문집 해제를 펴내게 됐다"며 "지금은 한옥마을로 자리를 옮겨 안정적으로 분원이 운영이 돼 격세지감을 느낀다"고 말했습니다.

시례학당詩禮學堂은 건물의 중앙에 걸려있는 현판으로 '시와 예를 배우는 강당이다'라는 의미이며, 마하 원광대 교수 선주선 씨가 썼습니다. 또 전주분원의 대문에 걸린 '삭비문數飛門'은 '새가 날기 위해 자주 날갯짓을 한다'는 뜻으로 역시 선교수가 썼습니다.

어떤 공부를 한다고 할 때, "어떻게 공부해야 하는가?"라고 묻는다면 저는 "여조삭비如鳥數飛"라고 답하고 싶습니다. 이를 줄여 "조삭비"라고도 합니다. 논어집주論語輯注「학이學而편」에 보면 이런 글이 있습니다.

배운다는 말은 본받는다는 것이다. 사람의 성품이 누구나 다 선하지만, 그 선한 이치를 깨닫는 데는 앞과 뒤가 있으니, 미처 깨닫지 못한 자는 반드시 앞서 깨달은 자가 행한 바를 본받아야 본성의 선한 것을 밝혀 그 본래의 모습을 회복할 수 있다. 익힐 습習 자는 어린 새가 반복하여 나는 것이라. 끊임없이 배우기를 새가 반복하여 나는 것과 같이 하라는 것이다.

새가 둥지에서 어미가 가져다 준 먹이만 받아 먹고 편안하게 있다면 결코 하늘을 날 수가 없습니다. 먹이를 먹고 힘을 길러서 넘어지고 떨어지고 상처가 생기더라도 어미의 나르는 모습을 흉내 내어 끊임없이 나르는 연습을 해야 합니다.

공부도 이와 이치가 같습니다. 잘 나가는 사람의 자세, 행동, 소리를 듣고 흉내 내는 연습을 해야 합니다. 그러다가 어느 단계가 되면 새가 스스로 하늘을 날듯이 자기만의 소리를 내는 겁니다. 삶 또한 이같은 이치가 크게 다를 바 없습니다.

호남제일성의 고누, 병사들이 즐겼다

　당신이 지금 전주 한옥마을에 도착했다면 곱디고운 한복을 차려입고 동심으로 돌아가 친구들과 땅따먹기 한 판을 해보는 것은 어떨까요? '술래잡기 고무줄놀이 말뚝박기 망까기 말타기 놀다 보면 하루는 너무나 짧아' 어린이들이 즐겨 부르는 동요 〈보물〉의 가사 내용이 살갑고 정겨운 것은 우리들의 유년 시절을 책임져 줬던 놀이들을 다시 만날 수 있기 때문이겠지요?

　한 해 1,000만 명이 찾는 한옥마을은 급격한 상업화와 원주민 이탈 현상으로 인해 요즘 몸살을 앓고 있습니다. 이에 전주시가 기다림, 주정차 문제 등 이같은 고통을 잠시 잠깐 해소시킬 방법을 하나 찾았습니다.

　'한옥마을 추억의 놀이터'가 바로 그 주인공으로, 2015년 9월 25일 추석 연휴를 앞두고 처음으로 선보인 후, 이제는 삼백예순다섯날 언제나 모든 사람들의 살가운 존재가 되고 있습니다. 물론 전주한벽문화관, 전주공예품전시관 등에서도 전통놀이를 즐길 수 있다는 사실 아시지요?

추억하라 한옥마을의 전통놀이

요즘은 고누, 땅따먹기, 자치기, 깃대세우기, 사방치기, 비석차기, 술래잡기 등은 이젠 거의 찾아보기 힘든 놀이가 됐습니다. 아니, 전래놀이라는 종목 아닌 종목으로 분류돼 기억 속에 수납돼 있는지도 몰라요. 그 기억 속의 놀이에는 혼자서도 얼마든지 놀 수 있는 것들도 참 많지요. 호드기불기, 제기차기, 연날리기, 바람개비 돌리기, 팽이치기, 썰매타기 등 입니다. 하지만 요즘 어린이들은 이런 놀이의 이름조차 들어보지 못한 경우가 태반입니다.

지난날의 놀이법은 지금처럼 컴퓨터게임이나 안방에서 노는 것과는 거리가 멀었습니다. 손이 틀 때까지 흙을 묻혀가면서 놀았습니다. 교육전문가들은 그것이 오히려 인성발달에 도움이 된다고 입을 모읍니다. 눈, 귀, 코, 혀, 살갗으로 풀, 꽃, 나무, 벌레, 짐승들과 어울리며 노는 것이 전인교육이라고들 목청을 돋우지만 현실은 그것과는 거리가 멀기만 합니다.

하여 태조로의 중심가의 골목, 원불교 교동교당 주차장 부지에 위치한 '추억의 놀이터'는 주민협의체와 손을 맞잡고 조성해 의미를 더하고 있습니다. 한옥마을이 지금처럼 붐비지 않을 땐 이 공간이 주민들과 상

굴렁쇠   투호

인들, 방문객들이 이용하는 주차장으로 사용됐었지요. 하지만 폭발적
인 관광객 유입으로 인해 주차장 사용은 혼잡해졌으며 주민들의 생활
까지 침해하는 상황이 생기기도 했습니다.

　이같은 예상치 못한 일이 발생하자 전주시는 이곳을 활용, 관광객과
주민 모두가 사랑할 수 있는 공간으로 만들겠다는 뜻을 밝혔습니다. 그
래서 주차장 인근 주민과 상인, 전주시 관계자들이 서로 머리를 맞대게
됩니다. 이곳 주민들은 자율적으로 주민협의체를 구성, 한옥마을을 찾
는 관광객들이 체험하고 즐길 수 있는 문화공간 '추억의 놀이터'를 조
성해 자체적으로 관리, 운영합니다.

　그렇게 탄생한 놀이터는 한옥마을의 새로운 관광 명소가 되어가고

있습니다. 면적은 아주 좁지만 없는 것이 없을 정도로 다양한 전통놀이를 체험할 수 있습니다. 땅따먹기와 오징어 달구지를 비롯, 윷놀이, 고무줄놀이, 잣치기, 널뛰기 등도 갖춰져 있어 골목에 들어선 사람이라면 한 번쯤 몸을 풀고 놀게 됩니다. 잇따라 문화행사도 열리고 있습니다. 시 낭송회를 비롯, 댄스 및 장기자랑을 펼칠 수 있는 작은 간이무대가 마련돼 있어 주말이면 작은 공연장이 이어지곤 합니다.

마당에 멍석을 깔고 흥겨운 윷놀이가 시작됐군요. 윷가락이 휘이익 공중을 향해 몸을 비틀 때마다 후두두 몸서릴 치며 자지러집니다. 윷가락들이 멍석에 나뒹굴러 치고 때리고 엎어지고 자빠지니, 도가 벌러덩 뒤집혀 모가 나오고, 개가 자빠져 윷이 되기도 합니다. 마당이 들썩대고 흥겨움으로 덩실거립니다.

오메, 꽃신을 신고 뛰어보자 팔짝, 족두리가 하늘까지 닿겠네! 치고 잡고, 던지고 잡히고, 업고 또 업고, 엎치락뒤치락, 이리 돌고 저리 넘어 앞서거니 뒤서거니, 한 동나고 두 동나고, 석 동나고 넉 동나니, 와! 만세삼창, 이리 즐거울 수가 없습니다.

남녀노소가 함께 모여 마음을 합치고 소리쳐 불러본 지가 언제인 듯 싶게 기쁜 순간입니다. 손에 땀을 쥐게 하는 아슬아슬한 긴장감을 자아내며, 윷가락이 던져지는 결과에 따라 아쉬움과 환호성이 터져 나오는군요. 신명나는 윷놀이 한판에 주름살이 쫘악 펴졌다고 전해주세요. 참으로 오랜만에 들어보는 고향 소리에 그 옛날의 향수가 밀려옵니다. 조용하던 이곳에 사람들의 발길이 이어졌고, 다녀간 이들의 입소문으로 제법 알려졌습니다.

낮이면 햇살 받아 반짝이는 너른 마당에 나와 연도 날리고, 손바닥

전통놀이

빨갛도록 황토 흙장난도 해가며 도시에서 만나지 못했던 자연과 어우러지는 한옥마을. 밤이면 모깃불 피워놓은 마당에 나와 처마 위로 떠오르는 달빛에 한없이 운치를 뽐내볼 수 있는 이곳에 들려 성긴 걸음으로 둘러보면서 나도 하늘을 향해 윷을 던져봅니다.

박화성 한옥마을사업소 소장은 "추억의 놀이터는 점차 희미해져 가는 추억의 놀이들을 한 자리에서 체험할 수 있는 이색 공간으로 자리잡아 가고 있다"며 "앞으로도 더 많은 체험 활동을 마련, 쉬어가는 한옥마을의 명소로 자리매김할 수 있도록 노력하겠다"고 말합니다.

그리고 매년 추석 때 당신이 오면 강강수월래, 달달수월래 놀이의 주인공이 될 수 있다는 사실. 또 압니까 당신의 반려자를 만나게 될지 기대해도 좋습니다. 당신이 이곳으로 발길을 이끈다면 제가 전주 모주와 콩나물국밥 한 그릇을 대접할게요. 당신 지금, 한옥마을로 나를 만나러 와야 합니다. 당신을 향한 내 사랑이 어떻게 진행될지 윷판을 던져 점을 치면서 확인해야 하니까요.

전주문화원의 전주고누대회

전주문화원은 매년 고누대회를 개최해오고 있습니다. 2015년까지 제9회 전주고누대회를 개최해온 바, 전주지방에서 오래전부터 내려온 놀이로 알려진 '고누'에 대한 맥을 잇고, 민속놀이를 계승하기 위함입니다.

고누놀이는 땅바닥에 줄을 그어 고누판을 만들고, 작은 돌멩이나 나무 조각을 말 삼아 상대방의 말을 다 잡아내거나, 못 움직이게 가두거나, 상대방의 집을 먼저 차지하면 이기는 아주 오래된 놀이로 지역별로 고니, 꼬니, 꼰, 꼰질이, 고누로 불립니다.

고누의 어원은 '고노다'라는 동사에서 온 것으로 '고노다'의 뜻은 서로 말판을 뚫어지게 쳐다본다는 뜻의 '꼬누다'에서 유래됐습니다. 지금도 상대방을 뚫어지게 쳐다보는 것을 '꼬누어 본다', '꼬나 본다'라고 말하지 않나요.

이 고누가 한자로 표현할 때는 흔히 땅장기라는 뜻으로 지기地碁로 표현합니다. 일제강점기에 일본인 민속학자 무라야마 지준村山智順이 이 그림을 '지기지도地碁之圖'라고 이름을 붙인 뒤 그동안 의심 없이 고누놀이라 불렀다는 것입니다.

고누놀이가 얼마나 오래전부터 내려온 놀이인지는 확실치 않으나 최소한 고려시대에는 존재했던 놀이라는 것이 최근에 밝혀졌습니다. 고려시대 평양 만경궁 터에서 발굴된 고누놀이판 탁본 하는 모습을 발견할 수 있으며, 힘든 궁궐 축성 공사 중 잠깐의 휴식시간에 인부들이 즐겼던 흔적으로 추측되고 있습니다.

이에 전주문화원은 전주를 자랑할 수 있는 전주만의 전통 민속놀이를 연구하던 중 고누놀이가 널리 성행했던 생활놀이였음을 가늠케 하는 자료들을 발견한 바 있습니다. 실제로, 『전주시사』에 따르면 중화산동 조두정 과수원 입구에 선비들이 정자를 짓고 바위 위에 고누판을 새겨 놓았다는 기록이 전해지고 있습니다. 또, 호남제일성 2층 누각의 마루 바닥에 그려진 고누판을 탁본해 조선시대 후기 병졸들이 보초를 서면서 즐겼을 것으로 보이는 놀이판을 찾아내기도 했습니다.

따라서 전주에서 고누놀이 역사는 평민에서부터 선배들까지 다양하게 즐겼던 전통놀이로 추정하면서 바둑의 원조라는 결론을 내어 보존, 계승 발전시키고자 세계아마바둑선수권대회에 맞춰 2006년 10월 22일 제1회 전주 고누 대회를 개최한 이래 지금까지 이어오고 있습니다.

전주문화원 김진돈 사무국장은 "전주에서는 고누놀이는 평민에서부터 선배들까지 다양하게 즐겼던 전통놀이로 추정되는 바, 특히 바둑의 원조로 보고, 이를 보존, 계승 발전시키고자 매년 대회를 개최하고 있다"고 말합니다.

단원풍속화첩의 고누놀이

　단원 김홍도의 단원풍속화첩 그림 중 13번째 〈고누놀이〉 그림은 고누놀이인가요, 윷놀이인가요.

　민속학자 장장식 씨는 2007년 발간된 월간 〈민속소식〉 7월호에서 '단원의 고누도圖, 정말로 고누놀이를 그린 것일까'라는 글에서 그림 속의 놀이가 고누놀이가 아닌, 윷놀이라며 그림의 이름을 고쳐야 한다고 주장합니다. 강명관 부산대학교 한문학과 교수는 이 그림을 '고누놀이라 보기엔 좀 이상하다, 윷놀이하는 그림이 아니겠는가'라며 의문을 제기한 적이 있습니다.

　그림은 전체적으로 그림을 한 번 둘러보면 일단 등장인물은 10대 후반 정도로 보이는 아이들이 다섯이며, 장년이 한 명 모두 6명입니다. 아이 하나는 지게에 나무를 가득 지고 모퉁이를 돌아오고 있으며, 유일한 어른은 자기처럼 나이 먹은 노송에 기대어 담배를 피우고 있습니다. 장년과 노송은 같은 이미지로 표현된 것으로 비스듬히 기대앉아 있는 것을 효과적으로 보이기 위해 나무를 기울여 그려놓았습니다.

　그림의 중심은 4명의 아이들이 둘러앉아 놀이에 열중에 있는 부분입니다. 앞가슴을 풀어 헤치고 앉아 있는 아이와 좌측 어깨에 옷을 걸치고 등을 보이고 있는 아이가 대결하는 듯한데 앞가슴을 풀어 헤쳐놓은 폼이 자신만만한 모습입니다.

　아마도 놀이에서 승리하기 직전인 것 같습니다. 앞에 앉은 두 명을 상대하고 남을 만큼 터프한 모습이며, 좌측 웃옷을 벗어 허리에 감은 아이는 옆 아이를 응원하는 아이처럼 똑같이 옷을 벗고 옆에 쪼그린 채

딱 붙어 있습니다. 아마 옆 친구와 꽤나 가까운 사이인 모양입니다.

친구의 위기가 안타까운지 쪼그리고 앉아 역전할 묘수가 없나 살펴보고 있습니다. 그 위에 다리를 안고 있는 아이는 중립적인 아이인데, 자신은 답을 알고 있다는 듯 빙그레 웃고 있습니다. 원래 바둑이나 장기도 제3자가 보면 더 잘 보이는 법입니다.

전주부성의 돌싸움石戰을 재현해주세요

전주에서 연례적으로 벌어졌던 돌싸움石戰은 두 패로 나누어져 돌팔매질을 해 승부를 겨루던 놀이로 음력 정월이나 5월에 벌어진 편싸움으로서 척전擲戰이라고도 불렸습니다. 고구려 때 국가적 연중행사로 왕이 환전歡戰하였다는 기록과 신라, 고려 때에도 이와 비슷한 행사가 있었으며 조선 중종 때에는 삼포三浦왜란을 석전으로 수습했다는 기록도 있습니다.

전주부의 석전은 근세에 이르기까지 존속되었습니다. 당시에 우리가 조총을 갖지 못했고, 무기가 빈약한 환경에 있어 석전은 당당한 무기의 구실을 했습니다. 임진왜란의 여러 전투에서 자주 비치는 석전은 명량해전에서도 고단한 우리 전함을 에워싸고 대드는 왜적을 수마석水磨石으로 적의 머리통을 부셨던 안위安衛장군의 용맹을 회고하게 만듭니다. 고 조병희 선생은 전주부중의 석전에는 참가한 일이 있으므로 역력한 그 시설을 더듬어 내게 됩니다.

전주부성의 돌싸움은 일명 팽매 쌈이라고도 합니다. 대개는 정월 대보름날 망월과 때를 같이해 터집니다. 이는 싸전다리를 중심으로 하여 동남진인 학봉리패, 사정밀패, 남문거리패, 반석리패, 향교골패, 공수내패 등이고, 서북진인 서문거리패, 곤지리패, 은송리패, 방고등패, 군자정패, 용미리골패 등입니다.

그리고 행동권으로는 동남진이 남천교에서 마전다리까지 선이고, 남북진은 서천교에서 마전다리까지 선이었습니다. 동원되는 연인원은 쌍방이 거의 비슷하며, 연령은 10, 20, 30대가 주를 이루었습니다. 대개 서전序戰에서 회전會戰까지 터를 잡는 장소는 쇠전 강변과 초록바위로, 이 지대는 자갈이 많고 인가가 드문 곳이기 때문이었습니다.

출전하는 장비로 얼굴을 보호하기 위해 밥 덮개를 머리에 쓰고, 옷도 비교적 두툼한 것을 입었습니다. 팔매질 도구로는 칡 줄, 질갱이 줄, 삼 줄, 새끼 같은 섬유질의 줄과 투척도구로는 왕대 버팅 개 등을 사용하게 되는 바, 팔 힘이 센 사람은 손 팔매질을 합니다. 튼튼한 전대나 기타 용기에 쓸 만한 자갈은 대낮에 미리 준비해둡니다.

이렇듯 만반의 준비를 갖추고, 기린봉에서 대보름달이 떠오르는 시각을 군호로 끼리끼리 패가 되어 진터에 포진하게 되며, 바로 이때 탐색꾼들은 연신 상대편의 정보를 살피곤 했습니다. 이윽고 양쪽 진에서 팔매질한 돌이 날아 서전이 터지게 되면, 남천과 서천 일대는 썰렁해지고 맙니다. 서전은 아이들로부터 시작되어 힘깨나 있어 보이는 20대로 대치되어 소나기처럼 날아드는 자갈로 부상을 입기도 했습니다.

다시 시작되는 몇 고비의 접전 끝에 호기찬 함성으로 끝납니다. 하지만 석전놀이는 완산 부성 젊은이들의 기개를 높이던 놀이로 알려졌지만 1920년경에 금지됩니다. 저의 고향 고창에서도 이같은 놀이가 이뤄지면서 대보름밤을 하얗게 보낸 적이 한두 번이 아닙니다.

이를 복원 또는 재현하여 전주천에서 이벤트로 기획 수시로 공연을 한다거나, 대보름 등 세시풍속에 선보여 봄은 어떨까요? 아니면 한옥마을을 방문한 사람들을 대상으로 네 부류로 나뉘어 직접 참여할 수 있게 한다면 어떤 반응들이 나올까요. 물론 실제의 돌이 아닌, 몸에 맞아도 통증이 없는 재료들을 사용해야 함도 잊지 말아야 합니다.

한옥마을 공기 게임 전국 대회

전주 한옥마을 등 전북에 공기게임, 고누대회, 저포놀이 등 전통놀이가 뜨고 있습니다. 이는 청소년과 어른들의 체력증진과 집중력을 향상, 새로운 놀이문화의 탄생은 물론이거니와 인터넷과 왕따, 폭력 등으로 일그러진 문화에 조금이나마 색다른 활동거리를 만들어주고 있습니다. 특히 청소년들의 건전한 문화 조성은 물론 가족들간에, 각계 각층간에 화합과 사랑의 자리를 제공, 더할 수 없는 좋은 놀이문화로 승화되고 있기 때문입니다.

대한공기게임협회가 최근에 전주 한옥마을 공예품전시관 쉼터에서 제1회 전주 한옥마을 공기 게임 전국대회를 가졌습니다. 이는 전국에서 유일한 공기게임대회로, 전주 한옥마을을 찾는 관광객들에게 호기심을 채워주기 위해 기획됐지요.

30~40대라면 누구나 어렸을 때 가지고 놀았던 공기놀이에 대한 향수를 갖고 있을 터입니다. 다섯 개의 돌을 가지고 옹기종기 모여 앉아

혹시나 자기편이 실수하지 않을까, 마음을 졸이며 다섯 개의 돌에 집중했던 공기놀이는 장소와 소재에 상관없이 어디에서나 즐겼던 한국의 전통놀이 가운데의 하나가 아니던가요. 이 대회는 공기놀이 게임, 체험행사로 구분되며, 1등 30만 원, 2등 10만 원, 3~4등 각 5만 원이 상금으로 주어지며, 참여 대상은 초등학생 이상 남녀노소가 참여했습니다.

이은철 회장은 "요즘의 청소년들이 스마트폰, 컴퓨터, 게임기 등의 활용으로 활동적인 뇌운동을 하지 못하고 친구 간, 가족 간 대화 단절까지 초래하고 있는 사회현상 속에서, 어떻게 하면 서로 소통하고 교류하면서, 한층 더 건전한 놀이 문화를 접할 수 없을까 고민하다가 공기게임대회를 기획했다"고 말합니다.

이어 "더욱이 공기놀이는 손가락으로 해야 되는 놀이로 IQ, EQ 개발에도 매우 도움이 되고, 치매예방에도 효과가 있다"며 "앞으로 이 놀이 문화가 국내 곳곳으로 확장돼 국민 생활건강에 도움이 되었으면 한다"고 강조합니다.

플래시몹으로 부르고 싶은
'전주의 노래'

플래시몹은 영어로 'flash mob'입니다. 이는 사용자가 갑자기 증가하는 현장이란 뜻의 '플래시크라우드flash crowd'와 뜻을 같이하는 군중이란 뜻의 '스마트몹smart mob'의 합성어입니다. 즉, 인터넷을 통해 특정한 날짜, 시각에 정해진 장소에 모여 짧은 시간 안에 주어진 행동을 동시에 하고 뿔뿔이 흩어지는 것을 말합니다.

지난 2012년 9월 22일 한복을 입은 대학생 200여 명이 한옥마을 경기전에 나타나 싸이의 〈강남스타일〉에 맞춰 말춤을 추는 플래시몹이 펼쳐졌습니다. 이들은 여기에 그치지 않고 한복을 입고 한옥마을을 돌아다니면서 기차놀이, 강강수월래, 프리허그 등을 진행하는 등 관광객들의 눈길을 끌었습니다.

이때 전주를 상징한 노래가 흘러나왔다면 어땠을까요. 여러분들은 전주를 상징한 노래를 들어본 적이 있나요? 아니, 전주 사람들이라면 알고는 있나요. 혹시 한옥마을을 방문할 경우, 전주시 등에서 '시민의 날' 등에 이 노래를 보급한다면 동참할 의사가 있나요.

플래시몹

한복데이

이정란 장군의 풍남수성가

한옥마을은 은은한 달빛을 받을 때 가장 우아합니다. 요즘은 해가 지면 풍남문이 빛의 옷을 입고 멋을 부립니다. 풍남문은 보물 제308호로 옛 전주성의 남문으로, 전주를 둘러싼 성곽의 남쪽 출입문에 해당합니다. 이 밤에 풍남문을 바라보니, 너비 47m 높이 16.2m의 스크린 위로 온갖 조명이 춤춥니다.

용이 대지를 휘감고 하늘로 오르자, 부채춤 공연과 비보이의 현란한 몸짓이 이어집니다. 별빛 아래 겹겹의 기와지붕이 파도를 이루는 듯합니다. 전주에 새로 등장한 미디어 파사드는 기억에 남는 밤 문화를 전주에 이식하고자 하는 바람이 얹혀 있습니다.

풍남문 문루가 우아하면서도 역동적으로 빛납니다. '풍남문 빛의 옷을 입다' 공연은 약 10분 길이로 짧은 편이지만 여운은 1300년 전주의 역사처럼 길다는 생각입니다. 후백제의 수도였을 때 전주의 모습과 그래피티와 비보잉 등을 그린 감각적인 영상이 전주비빔밥처럼 현란하게 뒤섞입니다. 성벽이 살아 움직이는 것 같지 않나요.

남고산성 쌓인 돌은 옛-날을 되새기고 전주천 흐르는 물 그-날을 얘기한다
아-아- 충경공
임진왜란 때 그 님이여, 거룩하고 깊으신 뜻 전주성을 지키셨네

풍남문 미디어 사파드

송하선 작사, 이준복 작곡의 〈풍남수성가豊南守城歌〉입니다. '풍남수성'은 풍남문을 지킨다는 의미로 매년 충경사忠景祠에서 봉행되고 있는 추향제 참석자들은 〈풍남수성가〉를 합창합니다.

충경사는 임진왜란 의병장 이정란 선생을 모시고 있습니다. 당시 700명의 의병을 이끌고 전주성을 왜적으로부터 지킨 공으로 충경이라는 시호를 받았으며 시내의 도로명 충경로는 바로 그로부터 비롯됩니다.

이정란 장군의 가장 유명한 전투는 웅치전투熊峙戰鬪입니다. 1592년 음력 7월 7일 전라도 웅치 방어선에서 벌인 전투로 김제군수 정담과 휘하 관군과 의병이 합류했지만 수백 명이 전사하면서 결국, 패배합니다. 바로 이때 이정란 장군이 전주성 안으로 들어가 백성들을 수습하고 전주를 굳게 지켰습니다.

송하선 시인은 1980년대 초, 전 국회의원 이철승의 숙부 수찬 씨가 이정란 장군의 전기를 선물하면서 그의 충정과 관련된 노래를 만들어 제사 때마다 부르게 했으면 좋겠다고 제안한 까닭에 노랫말을 만들었다고 합니다.

이정란 장군과 의병들의 모습을 재현한 '약무전주시무국가若無全州是無國家' 즉 전주가 없었더라면 나라도 없다는 의미의 행사가 전주 시내 객사 등 도심에서 펼쳐진 적도 있습니다. 안타까운 것은 그가 지난 좁은목 방문자들이 의미도 모른 채 약수물을 떠가고 있다는 사실입니다.

풍남문이 열려야 전주가 발전한다는 주장이 제기되고 있습니다. 전주대 송화섭 교수는 "풍남문과 사통팔달 도로는 500년 전 그대로인데, 남문이 옹성에 갇혀 있으니 풍남문은 죽은 것이나 다름없다"며 "문을 열어야 한다"고 합니다. 특히 풍남문을 보호할 목적에서 1978년 구축한 옹성甕城이 시내 진입을 차단함으로써 문제가 있다는 것입니다. 물론 이에 대해서는 찬성과 반대의 목소리가 제각각입니다. 여러분들은 풍남문을 열어야 한다고 생각하나요, 지금처럼 사람의 출입을 금지시켜야 한다고 생각하나요.

전주왈츠

6·25 전란 후, 아직도 일선에서는 포성이 멎지 않았던 1952년 12월 11일, 전주에서는 문화인들이 모여 전주방송문화위원회를 조직했습니다. 취지는 라디오 방송을 중심으로 전시하 국민의식을 전쟁의 승리로 이끄는 한편 지방문화 향상을 도모하고 한편 방송국 유치를 위해 발족한 것입니다.

이날 오후 6시 시내 신천지 다방에서 열린 창립총회에서는 의장에 시인 김해강 씨가 선출되었고, 경과보고는 준비위원을 대표해 시인 신근 씨가 했습니다. 이치백 전 언론인은 당시의 상황을 정확히 설명합니다. "당시 전북 도내에는 1938년 10월 1일 호출부호 JBFK, 출력 500W, 주파수 570KC였던 이리裡里 방송국뿐이었다. 이같이 도청 소재지가 아닌 이리에 방송국이 설립된 것은 이리 거주의 방영철朴榮喆이 조선방송협회 이사로 있었기 때문이었다."

그 후 전주에서도 방송을 하게 된 것은 1957년 5월 15일, 전주시 고사동에 이리방송국 전주연주소가 생기면서였습니다. 다시 1959년 3월, 전주연주소는 전주방송국으로 되고, 이리방송국은 이리송신소로 명칭이 바뀌었습니다.

　한편 전주방송문화위원회는 전주시와 제휴, 1960년 4월 11일 시네마 오스카에서 전주방송국 개국 1주년 기념행사로 '전주왈츠의 밤'을 개최한 일이 있습니다.

> 그대가 나를 진정으로 사랑한다면
> 풍남문 종소리에 나를 깨워서
> 남고산성 달빛 아래 나를 재워주

　이 〈전주왈츠〉는 유호兪湖 작사, 손석우孫夕友 작곡으로 노래는 송민도宋旻道가 불리워진 바, 약간씩 가사의 내용이 다르게 전하고 있습니다.

전주의 찬가

　1970년대 인기가수 김상희 씨가 불러 전주시민에게 큰 사랑을 받았던 〈전주의 찬가〉.

> 완산칠봉 넘어오는 봄 아가씨는
> 개나리 저고리에 진달래 처녀
> 풍남문 돌아서 오실 때에는
> 어느새 정이 드는 전주라네~

완산칠봉 철쭉

전주의 찬가

완산칠봉 넘어오는 봄 아가씨는
개나리 저고리에 진달래 처녀
풍남문 돌아서 오실 때에는
어느새 정이 드는 전주라네
내 사랑 전주에 모두 바치고
푸른 꿈 열어가며 여기 살겠네

덕진연못 넘어오는 푸른 바람은
여름밤 북해처럼 근심을 쫓네
오목대 돌아서 가실 때에는
새들도 쉬어가는 전주라네
내 사랑 전주에 모두 바치고
봄 여름 가을 겨울 여기 살겠네

하중희 작사 김강섭 작곡 김상희 노래
이천십육년 겨울에 백담 백종희

전주의 찬가(ⓒ 백담 백종희)

40대 이상의 중년층이라면 누구나 한 번쯤은 들어 봄 직한 노래입니다. 타향살이 노스탤지어에 젖은 고향사람들의 시름을 달래는 데 크게 기여하기도 했습니다.

또한 풍남문과 오목대, 덕진연못과 전주부채가 고스란히 담겨있습니다. 봄을 알리는 개나리꽃의 꽃말은 희망이고 깊은 정입니다. 또 개나리꽃은 전주시의 상징입니다. 무엇보다도 민요 냄새가 나는 듯 부드러우면서도 흥겨운 노래로 전주를 잘 노래하고 있습니다.

이처럼 널리 애창됐던 전주의 찬가를 다시 부르기 위한 〈부활의 노래〉가 한창입니다. 노랫말 마디마디 전주의 정이 듬뿍 담긴 노래가 기억 속에 사라지는 것을 안타깝게 여긴 여성단체들이 발 벗고 나섰습니다. 전주의 찬가 부르기 운동에 앞장선 단체는 전주시여성발전협의회.

이들은 모든 행사에 앞서 참석자들과 어우러져 한바탕 실컷 노래를 부릅니다. 전주를 알리고 애향심을 높이는데 안성맞춤이기 때문입니다. 2012년 전주시 여성정책과 직원들도 전주의 찬가로 하루 일과를 열었습니다. 15명의 과원들은 매일 아침 30분간 시청에 이 노래를 가득 울려 퍼지게 했습니다.

2004년 6월 지난 18일 세상을 등진 〈빨간 구두 아가씨〉의 작사가 하중희 씨. 전주출신인 그는 1957년 전북대 문리대 영문과를 졸업하고, 그 해 전주상업중고등학교에서 교편을 잡았습니다. 그러나 음악에 미련을 놓을 수 없었던 그는 26살 청년이었던 1959년, 월간 '음악문사'와 인연을 맺으며 상경, 2년 뒤 서울중앙방송극 음악담당자로 입사했습니다.

그는 워낙 많은 히트곡을 냈습니다. 그중에서도 남일해, 이미자, 배호, 김상희 등의 목소리를 빌어 세상에 낸 〈코스모스 피어있는 길〉, 〈조약돌〉, 〈그리운 얼굴〉, 〈기러기 아빠〉, 〈내 이름은 소녀〉, 〈꽃 이야기〉 등은 60~70년대 그의 대표적인 히트가요로 꼽힙니다. 특히 '산새도 슬피 우는 노을진 산골에 엄마 구름 애기 구름 정답게 가는데 아빠는 어디 갔나 어디서 살고 있나'로 시작되는 〈기러기 아빠〉는 최근 자녀의 교육 등을 위해 아이와 아내를 미국, 캐나다, 호주, 뉴질랜드 등지로 보낸 기러기 아빠들이 늘어나면서 다시 인기를 끌기도 했습니다.

전주와의 인연은 1972년 단옷날에 맞춰 작사한 〈전주찬가〉로 한층 더 깊어졌습니다. 대중 속에서 숨 쉬는 가요를 보급하기 위해 노력해온 그는 1993년 뇌졸중으로 쓰러져 10여 년 동안 투병 생활을 해왔습니다.

시민의 노래

전주에 살면서, 전주 사람이면서 〈시민의 노래〉 노래를 아는 사람이 몇이나 될까요?

전주 시민이라면 초등학생은 물론이고 고등학교, 대학생들, 또한 모든 시민들이 두 가지 중에서 한 가지쯤은 알고 있어야 할 것 아니겠는지요? 얼마 전, 동사무소 대항 여성합창대회 때 불리기도 했지만 그 뒤로 부를 기회가 없게 되면서 잊혀져가는 것이 안타깝게 느껴집니다.

이제, 내게는 태어났을 때의 고향은 마냥 그리운 마음의 고향이 되어있고, 전주에 사는 한 전주를 사랑하면서 제2의 고향으로 여기고 살아가고 있습니다. 노랫말처럼 인심 좋은 곳에서, 정들여 살면 바로 곧 내 고향이 아닐까요.

> 보아라 저 깃발을 뛰는 새 빛을 비사벌 넓은 벌에 퍼지는 햇살.
> 푸른 빛에 둘러 쌓인 곳.
> 물 좋고 인심 좋고 살기도 좋다.
> 비나리 꽃 피어라 천세 만세를.
> 우리 전주 밝은 도시 호남제일성

1959년 단오제와 같이한 제1회 전주 시민의 날에 불린 〈시민의 노래(김해강 작사, 강병구 작곡)〉도 반드시 기억해주기를 바랍니다. 전주시민의 자긍심을 높이기 위해 다시 한번 널리 불렀으면 좋겠습니다. 더 나아가 앞서 말한 전주를 소재로 한 노래 부르기 운동을 함께 전개했으면 합니다.

정자문화,
은행나무정과 한벽당

　하늘에서 쏟아져 내리는 차가운 별빛. 겨울이면 작은 눈송이들이 하늘에서 내리기 시작할 터입니다. 사계절 철따라 나무들이 옷을 갈아입고 새소리, 물소리가 합창을 하며, 밤이면 별들이 내려와 정원을 수놓는 곳에 위치한 별빛 뜨락은 침대에 누워서도 앞산의 아름다운 풍경을 감상할 수 있는 편안한 휴식처가 됩니다.

　마음에 자리하며 또 마음을 울리며 내리는 게 있으니 바로 시심詩心 이런가요. 매월 마지막 주 일요일 오후 3시 한옥마을 은행나무정엔 어김없이 별빛, 눈빛을 가슴에 품은 사람들이 마음에서 마음으로 전하는 온갖 시들이 살포시 내리면서 대지에 큰 울림을 선사합니다. 비영리단체 '시가 내리는 마을'이 2012년 8월부터 한옥마을을 찾는 사람들을 위해 시심 젖은 마을로 길손들의 발걸음을 붙잡는다고 합니다.

　"말 안해도 다 알지요, 어떤 시가 내가 해야 할 시 인지요."라 말하는 오서영 대표는 "첫 번째는 두 번째를 위한 떨림이고, 두 번째는 세 번째를 위한 떨림입니다, 떨림은 곧 실수라고 하지요. 실수는 누구나 할 수 있는 것이고, 실수를 딛고 일어서는 사람이야말로 말달리는 사람입니다. 매주 그렇게 사람들을 만나 뵙고 있다"고 강조합니다.

2013년 3월 은행나무정의 정기공연에선 이날의 행사에 제가 참여했는데요. 시로 넘치는 뜨락에 희망의 씨앗을 뿌렸습니다. 비록 전주시와 전북도로부터 전혀 지원을 받지 않는 이들 회원이라서 저마다 노 개런티로 모임을 꾸려가고 있지만 세상을 다 얻은 듯 기쁨 바로 그 자체였습니다. 이들은 은행나무정에 똬리를 틀고 변함없는 낭랑한 목소리에 한여름 솔솔 부는 바람의 상쾌함만큼이나 '시낭송의 즐거움 우리를 행

오목정

복의 나라로' 이끈답니다.

"즐거움은 뭔가에 미쳐보는 것입니다. 미치려면 제대로 미쳐보아야
합니다. 그 열정이 우리를, 여러분들을 행복의 나라로 데려가 줄 것이
기 때문입니다." 김진명 전 전북도의회 의원, 김혜숙 전주시 의원, 김명
자 전주생명과학고등학교 행정실장, 그리고 약사, 여성 CEO, 꽃집 사
장에 이르기까지 전북지역에서 골고루 참여하고 있는 20여 명의 '시낭
송천사'들은 늘 십시일반으로 빛깔 고운 시의 성찬을 만들었음에도 불
구, 시가 내리는 마을, 시가 무르익는 마을의 전령사가 됨을 당당하게
얘기했습니다.

사랑으로, 눈물로 다독거리는 손길로 시 노래 공연, 청중의 시 낭송,

은행나무정

시인과 대화의 시간 등이 마련되면서 시를 이해하고, 시 읽기의 즐거움을 느낄 수 있는 기회는 계속되면서 한옥마을의 애기똥풀에 햇살 고운 봄을 선물할 때에서는.

오서영 대표는 "시적 감성과 감동을 공유함으로써 잃어버린 인간 고유의 품성을 회복시키는 기회가 됨은 물론 시낭송의 즐거움을 통해 정서를 순화하는 치유의 기회가 되고 있다"며 "우리는 '필(feel)通아리, 필 fiil通統하리'로 한옥마을의 장승처럼, 솟대처럼 앞으로도 이름 모를 무수히 사람들과 함께 언제나 할 것"이라고 말했습니다.

전주천에 '비비낙안' 깃드네

전주천은 '비비낙안', '한벽청연', '남고모종', '다가사후' 등 완산 8경을 지니고 있을 정도로 오랜 시간 아름다움과 삶의 터전이 되어 왔습니다. 임실군 관촌면 슬치에서 발원해 전주시의 중심을 흐르는 전주천은 생태계를 성공적으로 복원시킨 사례로 손꼽히고 있습니다. 수달, 쉬리, 갈려니, 원앙 등의 30여 종의 지표생물과 100여 종의 곤충 등이 서식하고 있습니다.

비비낙안飛飛落雁은 '한내천 백사장에 내려앉은 기러기 떼를 비비정飛飛亭에서 바라본 모습'을 말합니다. 혹은 그냥 '한내천 백사장에 내려앉은 기러기 떼'를 가리키기도 합니다. 낙안落雁은 떨어지 락落, 기러기 안雁으로 '땅에 내려앉는 기러기'라는 뜻으로도 풀이되기 때문입니다.

한내천은 현재 전주시 덕진구 전미동과 완주군 삼례읍 경계에 걸쳐 있습니다. 꿈 실은 고깃배가 오르내리는 한내천 백사장 갈 숲에 사뿐히 내려앉은 기러기 떼를 비비정에 올라 바라보는 모습은 가히 일품이었을 것입니다.

전북 완주군 삼례읍 후정리 남쪽 언덕 위에 있는 비비정은 전주천과 삼천천이 만나고 소양천과 고산천이 합류되는 만경강 한내를 바라보고 있는 곳에 자리하고 있습니다. 비비정 앞을 흐르는 한내천은 삼천과 추천, 전주천이 합수되어 다시 거듭 소양천과 고산천에 합수되어 만경강을 일으키는 곳입니다.

한내란 호남으로 빠지는 관로의 요충이란 큰 내라는 뜻과 완주군 내 깊은 산중에서 물이 내려와 만들어진 소양천과 고산천이 합류되어 물이 유난히 차서 '한寒내'라는 뜻도 있습니다. 비비정 앞을 흐르는 한내는 오랜 세월 말없이 유유히 흐르며 민족의 애환을 지켜보고 있습니다. 한내 언덕에 자리한 비비정은 그 유래와 더불어 많은 사람들에게 인상 깊었던 정자입니다.

삼례 비비정飛飛亭 마을은 비비정이 있다고 해서 비교적 잘 알려져 있습니다. 전주에서 삼례로 오다보면 익산 방향으로 가는 길이 있는 바, 우회전한 후 수백 미터만 더 가면 비비정으로 가는 이정표가 나오며, 만경강 상류의 넓은 평야와 유유히 흐르는 물 위로 기러기들이 내려앉는 풍경도 볼 수 있습니다.

호남의 정자문화와 '한벽청연'

　한국의 정원을 거닐면서 쾌랑쾌랑한 선비들의 목소리를 듣습니다. 소쇄원에서는 맑고 깨끗한 기운을, 윤증고택 정원에서는 누마루에 앉아 산중 정취에 젖어들곤 하지요. 명옥헌 정원은 배롱나무 꽃 사이로 무릉도원이 그윽이 펼쳐집니다. 월궁 용궁 선계가 모두 펼쳐진 광한루에서는 지구촌사람들의 무병장수를 빕니다.

　특히 전통 정원의 연못 중에서 흔히 볼 수 있는 것이 방지원도형 연못입니다. 방지원도형 연못의 형태는 천원지방天圓地方이라고 하는 고대 동양인의 우주관이 투영돼 있습니다. 천원지방이란 '하늘은 둥글고 땅은 네모나다'라는 뜻이지만, 이 말 속에는 음양, 천지, 건곤, 상하, 동정이라는 우주 만물의 존재와 운행의 이치가 함축되어 있습니다.

　말하자면 방지원도형 연못은 바로 지상에 구현한 우주적 이미지입니다. 연못은 연지蓮池라는 말 자체에 이미 답이 나와 있듯이 연꽃과 밀접하게 관련 돼 있습니다. 옛 정원, 특히 궁궐정원이나 낙향한 사대부들의 별서정원別墅庭園 연못에는 연꽃이 없는 경우가 드물었습니다. 왕공 사대부들이 연꽃을 애호했던 이유는 연꽃이 유교의 이상적 인간상인 군자의 면모를 가졌기 때문입니다.

　정자는 전국토에 걸쳐 고루고루 분포하고 있고, 대개 현존하는 것들은 14세기 이후의 것들로 지금도 도처에 정자들이 들어서 있습니다. 광주와 전남엔 소쇄원, 식영정, 환벽당, 취가정, 풍암정, 명옥헌, 송강정, 면암정 등 헤아릴 수도 없이 많은 정자亭子와 원림園林이 아름다운 자연을 뜨락 삼아 자리잡고 있습니다. 이러한 탓에 이곳을 '정자문화권' 또는 '가사문학권'이라 불러옵니다.

정자가 들어선 자리는 언제 가봐도 운치있고 산수가 빼어납니다. 바람소리, 물 흐르는 소리 그윽하고 고생창연한 자태는 날아갈 듯 처연하기만 합니다. 그 이름도 산이나 강, 달과 구름, 나무, 바위가 어우러진 자연의 청취가 흠뻑 적셔져 있습니다. 풍류를 아는 길손이라면 누군들 그곳에 머물러 세상사 시름을 달래 보고 싶지 않을까요.

정자란 본래 사람이 사는 집이 아닙니다. 일상생활이 이루어지는 주택이라고 할 수도 없고 양반들이 놀아나던 별장이라고 할 수도 없습니다. 그렇지만 그 어느 곳보다 많은 사람들이 머물렀고 유서깊은 역사가 깃들어 있는 공간입니다.

딱히 어떤 종류의 건축으로 구분지어 설명할 수는 없지만 거기에는 다른 곳에서 찾아볼 수 없는 독특한 문화적 의미와 상징성이 내포되어 있습니다. 이른바 노동하는 일상생활의 굴레에서 벗어나 살았던 조선시대 지배계층의 문화가 싹트고 뿌리 내리던 구심점이 정자였던 셈입니다.

지금 우리에게 정자는 그 시절의 정신사적 의미와 예술적 향기는 사라져 버렸고 빈집의 퇴락함으로 남아있지만, 그러나 이른 초봄이나 늦가을 또는 사람들의 발길이 뚝 끊어진 눈발 날리는 겨울날 전주 한벽당, 취향정, 천양정, 비비정 등 정자로 가 보세요.

한벽당寒碧堂은 도포자락 휘날리면서 한 잔술로 시름을 달래던 곳입니다. 호남 최고의 누각이라고 부르는 전주의 한벽당은 남원의 광한루廣寒樓, 무주의 한풍루寒風樓와 함께 3한三寒의 하나입니다.

승암산 기슭 절벽을 깎아 세운 한벽당은 조선 건국에 큰 공을 세운 최담이 1404년에 별장으로 지은 건물입니다. 누각 아래로 사시사철 맑은 물이 흐르는데, 바위에 부딪쳐 흰 옥처럼 흩어지는 물이 시리도록 차다고 해서 한벽당이란 이름을 붙였습니다.

전북 유형문화재 제15호로 지정되고 있는 한벽당은 승암산 기슭인 발산 머리의 절벽을 깎아 세운 누각으로서 옛사람들이 한벽청연寒碧晴烟이라 하여 완산8경의 하나로 꼽았습니다.

한벽당은 우리 고장뿐만 아니라 호남의 명승으로 알려져 시인 묵객들이 쉴 새 없이 찾아든 곳으로서 제영한 시가 많이 전해오고 있으며, 『호남읍지』에는 이경전, 이경여, 이기발, 김진상등 19명의 저명한 인사들의 시문이 담겨 있어 그 시절의 풍류를 살필 수 있습니다.

슬치에서 시작된 상관계곡의 물은 의암, 공기, 은석 등 크고 작은 많은 골짜기의 물이 합해지면서 만마, 죽림, 신리, 색장등 여러 동네 옆을 거쳐 흐르며 계속하여 좁은목을 굽어들어 한벽당 바윗돌에 부딪쳐 흰 옥처럼 물살이 부서지면서 남천으로 흘러갔습니다.

옛날에는 이곳 일대에 수심이 깊어 주위에 펼쳐진 아름다운 경관을 배경으로 이 일대에서 낚싯대를 드리우고 풍류 삼매에 젖기도 했습니다. 현재 남천교인 오룡교를 건너 남원, 구례, 곡성, 순천, 진주로 빠지는 나그네들의 발을 멈추게도 한곳이며 이곳을 근거로 많은 사람들의 향수와 객수를 같이 달랜 곳이기도 했습니다.

또, 상관의 깊은 골짜기에서 불어오는 맑은 장풍에 가슴속의 속진을 씻어내고 마주치는 남고산성, 남고사에서 은은히 울려 퍼지는 종소리는 더욱 한벽당의 운치를 높게 합니다. 한벽당이라 처음 불리게 된 연대는 확실치 않으나 월당 최담 선생 유허비에는 이곳을 월당루月塘樓라

비치고도 있습니다.

따라서 조선 초 이 나라 대표적 선비의 한 분으로 월당이 이곳 바로 위에 위치해 있으므로 해서 월당루라는 이름이 붙여졌을 것으로 추정됩니다. 월당은 1897년 한벽당 중수기에서 이처럼 노래합니다.

> 푸른 바위 깎아내어
> 차가운 연못 푸른 물 위에 그림자 비추네

그는 주자의 시 한 구절을 인용해 한벽당의 모습을 표현했습니다. 최담에 의해 만들어져 이름이 없었거나, 막연히 월당루라고 불리던 누각은 이후 주자의 시구에서 '한벽寒碧'이라는 말을 따온 듯합니다.

조선조의 신익상은 시문집 『성재유고』를 통해 대표적인 명승지로 박연폭포, 귀담, 한벽당, 청량산, 월파루, 금강산, 연광정, 국도 등 여덟 곳을 들고, 이곳의 경치를 다음처럼 노래합니다.

> 견훤성 아래
> 만마천은 흐르고
> 한벽당 물에 젖어
> 수면에 떠 있는 듯
> 밝은 달빛 맑은 바람
> 끝이 없는 곳
> 단청 누각에 밤 찾아들어
> 쌀쌀한 가을이어라

한벽당에 걸려 있는 한시는 모두 20여 수가 걸려 있습니다. 취강 허정렬 등 4수가 있고, 나머지 14수는 최담의 14개 이후의 후손들의 작품입니다.

시 가운데는 기녀를 맞아 검무에 판소리, 그리고 쌍륙의 도박 등 신윤복의 풍속화가 금세 눈앞에 펼쳐지는 듯합니다. 시대정신의 발로인가요, 한벽당 12수는 모두 한벽당중寒碧堂中 네 글자가 중첩해 쓰고 있기 때문입니다.

붉은 치장 가볍게 돌고 도는 춤

전립에 바람 불리고 가슴엔 옥전을 쳤는데

엇바퀴 추는 춤 촛불을 맞보내는 듯

낮았다 높았다 가을제비 화려한 잔치 휘젓는 듯

멈칫 손 내리니 날씨 개이자 우레 멈추듯

금시 허리 돌리니 안개가 걷히듯

공손량의 검무가 전해진 것이라지만

오히려 장욱이 글씨 배우든 생각을 하지

석북 신광수는 1749년 한벽당의 경관을 12곡으로 담았습니다. 그는 이곳의 검무를 보고 나서 그 소감을 다음과 같이 노래했습니다.

전주 아녀자들은 남장을 잘 하지

한벽당에 검무가 한창이네

유릿빛 푸른 물에 그림자 보려 하나 보이지 않고

전주
한옥마을
다시보기 2

궁중은 물론 지방에서 기녀가 검무를 출 때에는 전립을 쓰고 전복과 전대의 복식을 갖추고 있었습니다. 그런데 신광수가 묘사한 검무 연행자의 치장을 보면, 여느 지역과 달리 남장을 하고 있음을 알 수 있습니다. 이는 전주부 기생의 공연 종목과 특징을 부분적으로 알려주는 사료라고 황미연 전북 문화재 전문위원이 말했습니다.

신광수만큼 한벽당에 관해 많은 시를 지은 사람은 없을 것입니다. 한벽당 12곡은 깔끔하게 파고드는 눈길로, 삶의 즐거움과 버림, 서성임과 활달함 등을 통해 이 당시의 풍정을 잘 노래하고 있습니다.

다만 이 한벽당이라는 이름이 옛날 벽옥한류碧玉寒流란 글귀에서 연유된 것으로 추정하는 주장이 많이 대두되고도 있으며, 지금은 옛날 그대로의 모습을 찾기는 어렵지만 주변과 조화를 이룬 단아한 모습과 탁 트인 시야로 시민들의 발길을 멈추게 만듭니다.

여름일지라도 와자지껄했던 인파가 돌아간 후 수묵처럼 어둠이 번지는 밤 한옥마을 한벽당의 마룻바닥에 앉아보세요. 거기 천년 그대로의 뭇별이 쏟아져 내리고 풀벌레 소리 귀에 쟁쟁할 때 옛 모습 그대로의 정자가 고스란히 살아 있는 가운데 풍월주인의 주인공을 애타게 찾고 있습니다. 죽장에 삿갓 쓰고 푸른 소나무를 벗하며 살던 옛 선비들의 체온이 당신의 뜨거운 심장처럼 살아 숨 쉬고 있습니다.

'온고을' 전주의 간판,
편액과 먹물을 만나다

　고속도로 호남선 전주시 톨게이트엔 '전주'라는 한글 현판이 붙어 있습니다. 가로 2m 70cm 세로 9m짜리 큼직한 나무판에 전주라고 새긴 흰 글씨는 어린아이가 쓴 것처럼 비뚤비뚤합니다. 누구든 '나도 저만큼 쓸 수 있다'는 생각이 들 만큼 쉬운 서법이지만 보면 볼수록 힘과 멋이 넘칩니다.

　이를 민체民體라 부르는데 백성의 글씨체라는 뜻이니 누구나 쓸 수 있고, 친근하고, 가지고 노는 게 당연합니다. 현판의 작가인 여태명 씨는 민체를 "삼베 옷에 짚신 신고 헤어진 듯하면서도 풍요로우며 형식은 자유롭고 구속됨이 없이 작가가 시간별로 달라지는 슬픔과 기쁨, 넉넉함과 배고픔의 진솔한 마음을 표현하고 있다. 여기에는 삶이 있고 고통이 있고 사람이 살아 숨 쉬고 있어, 장고 소리만 있는 것이 아니라 장고를 쳐대는 사람의 모습도 같이 어우러져 있다."고 말합니다.

전주 입구 편액

민체는 판소리 한마당처럼 민초의 삶 그 자체입니다. 사실 고속도로 '전주' 현판은 톨게이트 입구와 출구에 모두 붙어있습니다. 그러나 자세히 보면 두 현판의 글씨체가 다릅니다. 바깥에서 전주로 들어오는 입구 글씨는 자음보다 모음이 큽니다.

자음은 자식이고 모음은 어머니입니다. 전주에 들어오는 모든 이가 부모처럼 넉넉한 민족의 고향에 안기라는 뜻입니다. 첫 글자인 '전'의 'ㅓ'와 'ㄴ' 사이 여백은 전주의 지형을 형상화하고 있습니다. 반면 전주에서 외지로 나가는 출구에선 반대로 모음보다 자음이 큽니다. 이는 자식의 성장입니다. 전주의 기와 멋을 받아 청출어람, 우뚝 솟으라는 뜻입니다.

현판과 더불어 전주의 최고 상징물 중 하나는 북서쪽 호남고속도로에서 전주로 들어오는 길목에 세워진 '호남제일문湖南第一門'입니다. 조

호남제일문

선시대 이후 전주가 전남·북, 제주를 통할하는 전라감영의 중심이자, 호남평야의 첫 관문이라는 의미가 있습니다.

호남제일문은 애초 '북北이 허해 부富가 드물다'고 해서 지세상 허술한 북쪽을 누르기 위해 세워졌다는 풍수지리적 의미도 있습니다. 이 문의 유래는 1977년 5월 기존 4차선 진입로에 건립됐다가 1991년 전주에서 개최된 전국체전 때 진입로 확장으로 헐렸고 1994년 8월부터 현재의 모습을 하고 있습니다. 문의 현판은 당대 최고 서예가였던 강암 송성용 선생의 작품으로 낯선 사람들에게는 전주의 고풍을 그대로 전해주는 문패이자 도민에게는 고향의 상징적인 존재입니다.

한벽당寒碧堂과 바로 옆 요월대邀月臺의 편액은 강암 송성용과 석전 황욱의 자존심을 엿볼 수 있는 작품입니다. 강암 송성용의 한벽당은 강암의 옳고 곧은 성품이 잘 나타나는 정갈한 예서체를 사용한 작품이며,

석전 황욱의 요월대는 석전만이 표현할 수 있는 서체로 힘 있고 강인한 그만의 서예 세계를 잘 보여주고 있다는 평가를 받고 있습니다.

전주를 예향의 고장으로 서게 한 전통이 셀 수 없이 많지요. 그 중심에 은은하게 묵향의 기운이 흐르는 '문향'이 자리하고 있습니다. 컴퓨터로 정교하게 계산된 것이 아닌 한 글자 한 글자, 한 땀 한 땀 손가락의 힘이 살아 숨 쉬는 아주 귀한 글씨들. 예맥藝脈의 도도한 흐름, 느릿하고 더딘 손맛이 바로 전주의 힘은 아닐까요.

서예가 백종희 씨가 중학교 3학년 때 쓴 천주교 전동교회 빗돌

부탁하노니, 전동성당을 방문하면 사제관의 십十자 꽃담, 일반 사람들의 접근이 어려운 종, 그리고 350년 된 은행나무와 입구의 글씨에도 제발 눈길 한 번 주기를 바랍니다. 천주교 전동교회와 성심유치원이란 전동성당 입구의 빗돌을 누가 썼는지 아십니까.

천주교 전동교회와 전주 성심유치원이란 글씨는 중견 서예가 백담百潭 백종희 씨가 1985년 해성중학교 3학년에 다닐 때 쓴 것이랍니다. "해성중학교 3학년 때로 기억됩니다. 지인이 '전동성당'과 '성심유치원'을 휘호해 달라는 부탁을 한 까닭에 식사도 거른 채 몇날 며칠을 썼는지 모르겠습니다. 부모님의 사랑을 듬뿍 받는 등 철모르던 시절에 쓴 글씨가 지금도 그대로 남아 있어 살붙이로 긍지를 느끼기도 합니다만, 성당측에 다시 써줄 의향이 있다고 여러 차례 얘기를 했는데 묵묵부답입니다"

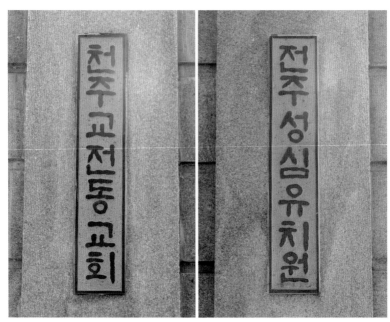

천주교전동교회 빗돌   전주성심유치원 빗돌

작가는 한글 판본체로 붓글씨를 썼지만 '천'자와 '회'자, '치'자는 법첩에서, 상식에서 벗어났다고 말합니다. 한글 서예의 경우, 자음에서 위의 첫 획을 내려 세로로 써야 마땅하지만, 이 부분이 잘못돼 전동성당에 다시 써주기로 마음을 먹었지만 아직도 그대로입니다.

그는 1984년부터 1985년까지 소년 조선일보의 문예상에서 서예 대상을 차지, 문교부장관상을 2번이나 받을 정도로 탁월한 감각을 갖고 있었습니다. 그가 듣기로는 이 학교가 생긴 이래 처음으로 학생이 문교부장관상을 받았다고 합니다. 당시의 신문 기사입니다.

전북 전주 해성중(교장=조성호) 2년 백종희(서예부분)은 소아마비로 두 다리가 아주 불편한 몸이다. "행상을 하는 어머니. 아버지에게 장관상을 드리겠어요. 더 열심히 노력해서 훌륭한 서예가가 되겠습니다"며 말끝을 흐렸다.

1987년 졸업을 할 당시 공로상까지 받기도 한 그가 갑자기 눈시울이 뜨겁다고 말합니다. 작가의 부모가 한밤중에 수업료 걱정을 하는 것을 듣고 나선 학교에서 고지서가 나오지 않았다고 둘러대다가 결국 자퇴서를 제출했기 때문입니다. 때마침 소년 조선일보에서 대상을 받았으니 학생과의 인터뷰를 하고 싶다고 연락이 와서 교장이 자퇴를 없었던 일로 하고 다시 그를 학교에 나오게 했습니다.

이같은 사정을 너무나도 잘 알고 있는 교장이 수업에 들어가지 않을 때면 그만의 방에 들어와 서예를 하고, 더욱이 수업료까지 면제했다고 하니 천주교 전동교회의 빗돌이 다른 의미로 다가옵니다.

독립운동기념비, 한옥마을 인근에 3개가 있어요

1919년 3월 1일 시작된 대한독립만세 함성은 전주에서도 예외 없이 울려 퍼졌습니다. 전주에서의 3·1운동은 예수교와 천도교, 교도 등 종교계와 신흥학교와 기전학교 등의 학생들이 주도했습니다. 그들은 3월 1일 이전에 태극기와 선언서를 다량 등사하는 등 만세운동을 사전에 미리 준비하고 있었습니다.

그러나 일본경찰의 감시로 당초 계획했던 3월 1일에 결행하지 못하고 10여 일이 지난 뒤 전주장날인 3월 13일에야 실행에 옮길 수 있었습니다. 그날 기전학교와 신흥학교 등 학생들은 일본경찰의 삼엄한 경계망을 뚫기 위해서 태극기를 채소 가마니 속에 넣어 은밀히 운반했다고 합니다.

전주 초등학교 독립운동기념비

드디어 3월 13일 정오 남문에서 흘러나오는 인경소리를 신호로 일제히 행동에 들어간 바 천도교, 예수교인 및 신흥·기전학교 남녀 학생들을 중심으로 약 150여 명이 남문시장에서부터 태극기를 들고 대한 독립만세를 부르며 시위를 시작합니다.

이외에 전주고보생도 함께 참여했습니다. 만세의 행렬은 걷잡을 수 없을 만큼 점점 불어났으며 시위 행렬은 남문에서 완산초등학교와 전동 일대를 지나 중앙동 앞까지 행진을 계속하기에 이릅니다. 이 골목 저 골목에서 사람들이 쏟아져 나와 거리는 태극기와 독립만세의 물결로 넘치게 되었습니다.

일제는 폭압적인 방법으로 만세 시위를 해산시켰는데 당시 많은 사람들이 체포됐습니다. 전주에서 일어난 만세 운동은 주변 지역에도 큰 영향을 미쳐 3월 17일에 일어난 초포면 송전리, 24일에 일어난 삼례 지역 등 주변 지역의 만세시위운동의 원인이 되기도 합니다.

매곡교 옆 남부유료주차장 앞에 '전주 3.1운동 발상지' 기념비가 세워져 있습니다. '1919년 3월 13일 정오 전주시민은 이곳에서 대한독립만세를 목이 터져라 외치다'고 기록되어 있는 이 기념비는 전북인권선교협의회, 전주 3.1운동기념사업회가 2000년 3월 1일, 신흥학교 입구와 전주지역 만세운동이 시작된 매곡교에 비를 세웠습니다.

또 한 명의 역사적인 인물, '전라기인全羅奇人'으로 불리는 거두리 참봉 이보한李普漢. 그는 매곡교 징검다리 위 높은 방천길에서 그의 기발한 가장假裝을 하기도 했습니다. 마침 그 날은 '남밖 장'이 서는 날로 장꾼들로 붐비고 있었는데, 이보한은 검정종이로 만든 실크 햇 모양의 모자를 쓰고, 수수대로 만든 아이들 장난감 같은 안경을 검정 안경에 덮어 썼습니다. 이는 철저히 일제를 풍자하기 위한 행동이었다고 전합니다.

전주초등학교에 서서 진정한 독립을 생각합니다. 1945년 11월 15일, 일제 잔재인 봉안전이 있었던 석축위에 해방 후 남한 최초의 독립기념비가 세워진 것입니다. 설송 최규상은 해서가 아닌 전서로 독립운동비를 쓴 것은 후대인들에게 삶의 지표가 되고 자신을 되돌아보는 계기의 의미가 강합니다. 친일의 역사와 정치를 바로잡지 않고는 민족의 정체성을 바로 할 수 없으며, 후손들이 정의롭고 공정한 사회를 영위할 수 있기 때문입니다.

진정한 독립을 찾아 만세삼창을 하고 새 미래를 기약하려면 자각을 통해 자아를 깨어나게 하는 게 유일한 방법이지요. 이 세상 어디에도 아픔없는 독립은 없습니다. 전 슬픔에 젖은 눈망울을 보며 때론 안타까워하면서도 당신에게 힘찬 갈채를 보냅니다. 오늘도 독립을 갈구하는 모두에게 잘 될 것이란 희망 깃발 펄럭펄럭 선물합니다.

전주 근대사의 상징에는 다가공원이 있습니다. 완산구 중화산동에 자리한 다가공원은 전주 마실길 제2코스, 조선 근대에 선교사들이 학교와 병원을 세워 활동했던 지역으로 '계몽과 독립의 길' 코스의 출발지이자 도착지입니다.

입구에 들어서자 전주의 오랜 역사를 자랑하듯 울창하게 뻗은 고목과 함께 32개의 불망비와 선정비, 기념비가 서있었습니다. 김인전목사 기념비를 비롯 영의정 김좌근송덕비 등 19개, 천변 쪽엔 정선택기적비로부터 이광열기적비 등 6개로 구분되며, 안길진 전주시장이 1954년 4월 25일 이승만 대통령의 지시에 따라 경찰국에서 지금의 자리로 옮겨졌습니다.

남천교개건비와 서천교개건비

남천교개건비가 전하고 있습니다. 1791년 만들어진 남천교의 개건 경위를 기록한 비석으로, 1794년에 건립됐다가, 1862년에 다시 세워졌습니다. 원래는 현재의 전주교와 남천교 중간에 위치에 있었으나, 1957년 수해 피해로 유실이 우려, 전주교육대학교로 옮겨진 '남천교개건비'가 남천교 옆으로 돌아갔습니다.

개건비는 비석의 뒷면과 측면을 깎아 만들어졌으며, 비문에는 건립연대 및 남천교 설립을 위해 기금을 낸 군현별 명단, 다리 건립에 동원

된 인부들의 명부가 새겨져 있습니다. 비문에는 '한양에서 차를 가져오고 서산(황방산)에서 돌을 가져다 8월에 시작해 12월에 완성했다'는 글귀도 들어 있습니다. 현재 개건비는 풍화작용으로 비문의 글귀가 형체를 알아보기 힘든 상황이지만 남천교를 재가설한 후 원래의 위치에 자리를 잡았다고 합니다.

전주에서 임실, 남원, 순창 지역으로 가기 위해서는 남천을 건너야 하기 때문에, 여기에는 오래전부터 다리가 놓여졌습니다. 남천에는 원래 석교(돌다리)가 놓여 있었는데, 계묘(1783)~정미(1787) 연간의 홍수로 다리가 종종 무너져 장마 때마다 사람들이 많은 불편을 겪었으며, 남천교가 무너진 뒤에는 바로 아래의 싸전다리가 중요한 통로 역할을 하게 됩니다.

매곡교에서 조금 더 올라가면 서천교가 모습을 드러냅니다. 서천교 서쪽편 완산교회 앞에 서천교 창건비가 있습니다. 서천교로 이름한 것은 이 천을 서천이라고 부르기 때문이다. 전주천이 완산교를 지나면서 북향하여 전주성의 서쪽을 흐르므로 붙여진 이름입니다. 현 서천교 서편에 1847년에 세운 서천교개건비가 있다. 개건시 황방산의 돌로 석교를 세운 것으로 되어 있는데, 지도상에는 나무다리로 나타나 있습니다.

서천교 건립을 위한 자금의 마련과정이 전면에 새겨져 있으며, 후면에는 기금을 조성한 사람들의 명단과 액수가 기재되어 있습니다. 서천교 창건비 바로 옆 서천교중건기념비는 1968년 10월 21일에 새워졌습니다.

남천교가 남원방면으로 통하는 길목이라면 정읍방면으로 통하는 길목은 서천교였습니다. 현재 완산교가 용머리고개를 넘는 국도상에 있었지만 예전에는 완산교자리에 서천교가 놓여져 있었다고.

박진효자비 등 빗돌 즐비

전주향교 정문 밖 왼쪽 담 앞엔 아주 오래된 효자비가 있습니다. 비각 안에 1398년 세워진 '효자군수 박진지려' 빗돌이 있습니다.

박진은 정몽주의 외손자입니다. 영암군수 때 부친이 위독하자 벼슬을 버리고 돌아와 병수발을 들었습니다. 그 부친도 훌륭한 사람입니다. 병이 깊어지자 아들에게 시를 남겼습니다. "나이 80에 평상에 누워 있으니, 60살 늙은 아들이 약을 먼저 맛보네. 죽고 사는 것은 피하기 어려우니, 네 어미 무덤 가까이 내 무덤이나 준비하거라."

희현당은 전라감사 김시걸이 1700년에 창건한 누정으로, 유생들의 학당으로 사용된 곳이다. 1738년에 다시 짓고, 1907년 신흥학교 교사로 사용되다가 소실됐습니다.

화산동에 위치하고 있던 희현당에서는 '희현당장판希顯堂藏板'이라고 하여 18세기말에 여러 책이 출판되었습니다. 특히 이 책을 출판하면서 만들었던 무쇠 활자는 '희현당철활자希顯堂鐵活字'로 불리는데 무쇠를 녹여 만든 활자입니다. 이 활자를 이용하여 많은 책이 발간됐습니다.

희현당 사적비는 신흥학교 뒤 황학대 기슭에 묻혀 있던 것을 다시 신흥학교 교정에 세웠습니다. 희현당은 1701년 관찰사 김시걸이 옛 사마재가 있던 터에 건립한 것으로 성인이 되고 현인이 되기를 바란다는 '희希'자와 입신양명해서 부모의 이름을 드러낸다는 '현顯'자를 취하였습니다. 이 비는 김시걸의 업적을 기록한 것으로 1707년에 세워졌습니다.

희현당중수사적비는 바로 그 옆에 자리하고 있습니다. 비문에 의하면 1715년 관찰사 이집이 중수하려다 교체되어 이루지 못하였다가 그 아들 이주진이 1738년 관찰사로 부임해 건물을 넓히는 한편 학생 선발 등 학칙 40여 조목을 마련합니다. 이 중수 사적비는 1743년 세워졌습니다.

이밖에 한옥마을 인근에는 또 고종이 직접 쓴 이목대의 목조대왕구거유지비와 오목대의 태조황제주필유지비, 그리고 조경묘 등 4곳에 하마비가 있는 것을 비롯, 전주교육대학교엔 항일학생운동기념비와 껍데기는 가라고 외쳤던 신동엽 시비가 세워졌습니다. 벽화마을로 유명한 자만마을에 자만동금표가 또 남고산성엔 남고진사적비와 정몽주가 지었다는 만경대 암각서가 자리하고 있으며, 선머너엔 화산서원비가 자리하고 있습니다.

혹시 도로원표道路元標고 들어보셨나요. 도로의 기점起點, 종점終點 또는 경과지를 표시한 것으로 도로법 제2조 제1항 4호에 도로의 부속물로 정해져있으며, 쉽게 말해 도로원표를 기점으로 전국 시·군 간의 거리를 측정하는 기준점입니다.

즉, 도시와 도시 사이의 거리 측정의 잣대가 되는 기준점입니다. 서울에는 광화문 네거리 동화면세점 옆 조선일보 사이에 원표가 있습니다. 목포의 도로 원표는 국도 1호선과 국도 2호선의 기준점입니다.

왜 목포에 두 도로의 기준점이 있는 걸까요. 그 의문은 암울한 한국 근대사에서부터 비롯됩니다. 일제가 우리나라를 강점한 뒤 호남의 미곡을 수탈하여 일본으로 운반하기 위해서는 마지막으로 뱃길을 이용해야 했는데, 그 집결지요 선적항으로 최적지가 바로 목포였던 것입니다. 때문에 목포를 시작으로 신의주까지 국도 1호선을 뚫었고 뒤이어 남해를 훑으며 부산까지 이르는 국도 2호선을 뚫었던 것입니다. 그제야 뱃길 운송을 위해, 한적한 도시는 항구도시로 거듭나게 된 것입니다.

우리나라 최초의 도로원표는 1914년 일제강점기 때 처음 설치됐습니다. 전주시 옛날 미원탑 사거리를 아십니까. 바로 그곳 기업은행 입구 앞에 전라북도 도로 원표 표지석이 세워져 있습니다.

은행의 정문 입구 화단에 선 장방형 원표는 화강석으로 만들어졌으며 길이 1m 40cm, 가로 25cm 세로 25cm 크기입니다. 들여다보면, '1964년 10월 10일 전주라이온스크럽 건립'이라고 정면에 새겨져 있습니다. 워낙 글씨를 깊이 파고 바탕이 좋은 화강암인지라 마치 새 것 같습니다.

"보통 비석 글씨는 음각이 얕고 'V'자 형태로 가파르게 파지만 이 글씨는 몽글몽글한 'U'자형으로 깊이 새겼지. 돌도 최상의 황등석으로 주문했어." 화강석 원표 건립을 제안한 유승국 씨의 회고를 들었다는 전 언론인 임용진 씨의 설명입니다.

애초 원표는 돌이 아니라 나무 재질이었습니다. 현 위치에서 북쪽으로 20m 떨어진 우체국 앞에 일제강점기 때부터 있던 것을 유씨 등이 제안해 '백년도 더 갈' 돌로 만들어 다시 세운 것이다. 위치를 옮긴 것은 현재 자리가 구 시청 정문이었기 때문입니다. 정갈한 예서체 글씨는 석당 고재봉의 휘호라고 전합니다. 원래 길이 1m 80cm짜리 돌인데 40cm는 땅에 묻혔습니다. 원표 옆과 뒤 3면엔 "목포 173천, 부산 169

천, 신의주 745천, 청진 964천, 서울 272천, 평양 525천"이라고 새겨져 있습니다. 여기서 천이란 'km'를 뜻합니다.

60년대가 그립습니다. 당시 전주는 신의주, 평양, 서울, 부산과 함께 이 나라의 중심이었습니다. 그것을 증거하는 원표가 지금은 정원수에 가려 잘 보이지도 않습니다. 이제 전주가 한국의 10대 도시 축에 들지 못하기 때문에 원표가 꼭꼭 숨어버린 것인가요.

살아있는 오픈세트장, 전주

　전주의 구석구석은 영화가 흐르지 않는 곳이 없습니다. 1년이면 평균 50여 편의 드라마와 영화가 촬영됩니다. 너른 전주향교 마당에도, 노송동의 좁은 골목에도, 윤슬이 일렁이는 전주천에 앞에도 익숙한 장면들이 펼쳐지면서 사람의 영화榮華를 기약하는 영화映畵 속 장면들이 전국을 강타하고 있습니다. 운이 억세게 좋으면 당신이 배우로 캐스팅될 수도 있습니다.

　한국영화계는 6.25 전쟁으로 인해 큰 혼란에 빠져들었던 적이 있습니다. 전쟁이 끝난 직후에도 영화인들은 영화의 키를 놓고 혼란의 소용돌이에 빠졌습니다. 그때 영화 제작의 기운을 태동시킨 문화 예술의 도시가 바로 전주입니다.

　먼저 인공시대를 배경으로 유엔군 낙오병 두 사람과 한국 처녀 사이에 얽힌 협조와 동정, 그리고 희생을 강조한 작품 〈아리랑〉(1953)이 있었습니다. 전주 시내의 극장에서 인기리에 상영된 한미합작 영화로 제작은 이강대 씨가 맡았으며, 김영창, 이석천, 김종환, 강영화, 탁광, 조흥구 씨 등의 영화인들의 협조로 기대가 컸다고 합니다.

한편 영화 〈애정산맥〉(1951)은 영사회 중 전주고등학교와 전주사범학교 학생들 간에 난투극이 벌어졌었다고 합니다. 이를 피해 빠져나오려다가 상당수가 부상을 입어 전주경찰서에서 조사를 하고, 학교 측에 단호한 처분을 요청하기에 이릅니다. 시간이 흘러 후에 전북도경이 후원한 〈애정산맥〉이 대히트를 치면서 전국의 극장가를 석권합니다.

〈애정산맥〉과 〈아리랑〉 두 영화의 제작부장 탁광 씨는 《전북영화이면사》를 발간하기도 했습니다. 그는 〈아리랑〉의 필름통을 들고 경무대에 들어가 이승만 대통령 앞에서 시사회를 갖고 격찬을 받았으며, 살아생전 X세대처럼 청바지를 입고 다녔습니다.

그는 "영화를 제작하는 데 가장 큰 어려움 중의 하나가 제작진들의 숙식비가 차지했어요. 전주는 또 음식 전통도 깊은 곳이 아닙니까? 값도 싸니 다른 곳에서 제작하는 예산보다 절반 이상을 절약할 수 있는 장점이 있습니다. 아마도 앞으로도 전주라는 도시는 한옥마을 등이 있어 풍광들이 사극이나 현대물을 막론하고 좋은 배경으로 영원히 자리할 것이라 믿습니다."라고 주장합니다.

1954년 11월 13일에는 영화 〈피아골〉이 촬영을 개시합니다. 각본을 맡은 김웅환 씨는 "빨치산을 중심으로 한 〈피아골〉의 각본을 중심으로 원고를 마무리 짓고, 수일 전부터 지리산을 중심으로 촬영을 개시했다"고 말했습니다. 이 영화는 제작에 김병기, 감독에 이강천, 촬영에 강영화 씨가 각각 일을 맡았습니다.

1956년 3월에는 경기전을 비롯한, 덕진 연못 등에서 옥단춘의 의리와 인정, 사랑을 다룬 〈옥단춘〉이 촬영됐으며, 1960년 9월 6일 다가동 10번지에 남선극장이 문을 열었습니다. 이어 1961년 10월 14일 6.25를 배경으로 한 영화 〈나는 잊지 못한다〉가 전주를 무대로 역전 오거리에서 크랭크인을 하는데요, 시나리오와 연출은 전주출신 연극인 이태일 씨가 맡았습니다. 1963년 8월에는 삼남극장이 문을 열었습니다. 이 당시도 지금처럼 전주 시내를 중심으로 오목대며, 경기전, 덕진공원, 남고사 등 전주 모두가 오픈 세트였습니다.

경기전

백도극장의 처음 이름은 후생극장이었다고 고 유장우 씨가 말했었지요. 서커스천막극장의 모습으로, 송판을 대어 고치면서 가건물 비슷한 극장으로 변해 백도극장으로 불렸다고 합니다. 이 극장이 생긴 때는 팔달로 중앙초등학교 입구부터 한일은행 전주지점 앞까지 도로가 개설된 후의 일입니다.

　이 광로는 당시엔 거창하게 넓은 도로로 생각됐지만 기실은 1960년대 초반까지는 차가 한 대만 지나가도 먼지가 어찌나 나던지 길가에 살던 사람들은 물을 뿌리는 게 일이었습니다. 이 도로는 전주부府 관아를 둘로 갈라놓는 역할을 했습니다. 1965년 2월 15일 전주극장의 개관식이 열렸습니다. 이는 2층 건물로 800개의 좌석을 갖춘 현대식 극장으로 부상을 하기에 이릅니다.

　이 무렵에는 도립극장 골목에 우인다방이 있었습니다. 6.25 직후 연예인이 가장 많이 모인 다방으로, 변기종, 김승호, 이예춘, 허장강, 김진규, 주선태, 황해, 박노식, 전택이, 노경희, 도금봉, 김희갑, 현인, 김정구 등이 들락날락했습니다.

　고사동은 일제강점기부터 전주의 중심지였던 대장정거리 바로 옆에 있었던 바, 이때부터 상가가 하나둘씩 형성되기 시작합니다. 아주 싼 가격에 매입 가능한 넓은 부지를 갖고 있었기 때문에 각종 극장이 집중됐습니다.

　극장들이 자리를 잡고, 또 이곳에서 국제영화제가 열리면서 '영화의 거리'로 명명됐으며, 2000년대에 들어서부터는 각 극장들이 최신 시설을 갖춘 21세기형 극장으로 거듭나면서 변모의 변모를 이어나가고 있습니다.

'영화의 거리'는 전주 고사동 오거리 광장에서부터 ㄱ자 형태로 길게 이어집니다. 영화 〈시네마 천국〉에 나올 법한 오래된 극장만 해도 10여 곳이 밀집돼 있습니다. 〈영화호텔〉이라고 명명된 호텔도 있습니다. 영화호텔 2층에는 영화전문도서관 개관된 바, 필름과 DVD 등 영상자료 1만 5,000여 점과 영화 관련 서적 4,400여 권, 전문잡지 2,000여 권 등이 놓여 있습니다.

전주영상위원회 출범 이후 전주는 영화 촬영지로 꾸준히 각광을 받고 있습니다. 전주에서 촬영된 영화는 그래서 대박을 터뜨립니다. 이와 함께 전주는 영화종합촬영소와 영화제작소가 따로 있어 스튜디오와 야외 세트장, 그리고 세트 제작실과 스태프실, 분장실을 고루 갖춘 곳으로 전주대학교 뒤편, 혁신도시 입구, 상림동과 구 전주보건소에 각각 위치해 있습니다. 전주영화촬영소는 2008년 4월 16일 개관을 했습니다.

전주국제영화제는 1950~1960년대 충무로와 함께 지방에서는 유일하게 영화를 제작했던 곳입니다. 21세기의 한국영화 터전이 될 것임을 기대하면서 1999년부터 모습을 드러낸 후 매년 5월 무렵에 치러지고 있습니다.

국제영화제가 열리는 도시인만큼 영화에 대한 시민들의 관심과 적극적인 촬영 협조 분위기도 한 몫을 다합니다. 매년 봄이면 영화의 거리는 화려하게 불을 밝힌 루미나리에가 거리를 가득 채운 가운데 노란 점퍼를 입은 자원봉사자들의 물결과 함께 일상의 편린 같은 작은 단편영화들이 상영되는가 하면 거리 곳곳마다 말랑말랑한 음악들을 통해 봄의 어원인 스프링이 전주로부터 비롯됐음을 강조합니다. 이제 '봄'이라는 말은 사물을 보라는 의미이며, 전주에서 영화를 보라는 의미가 아닐런지요.

전주를 대표하는 명소부터 작은 골목길까지 전주는 영화 또는 드라마 촬영지로 오랜 시간 사랑을 받아왔으며, 앞으로도 계속 레디고겠지요.

〈약속〉으로 유명해진 전동성당

"딱 하루만 같이 있자"는 희주(전도연)의 말! 추억이 물들수록 마음에 멍울지는 아리함을 느끼며 이를 물리치는 상두(박신양). 영화 〈약속〉에서 자신을 대신해 살인 누명을 쓰고 사형 판결을 받은 기택(정진영)을 구하려 자수하러 가기 전 상두와 희주가 나누는 대화입니다.

희주는 이같은 상두의 손을 잡고 멀리서 들려오는 종소리를 따라 어디론가 달려가는데, 그곳이 바로 전주 전동성당입니다. 영화 자체도 유명하지만 특히 〈약속〉하면 백미로 꼽히는 명장면이 상두와 희주 결혼식 장면입니다. 하객도 주례도 없는 단 둘만의, 도저히 눈물 없이는 볼 수 없던 그 유명한 결혼식 장면이 전동성당에서 촬영됐습니다.

이 덕분에 전동성당은 호남지역에서 가장 오래된 서양식 건축물이라는 수식어보다 영화 〈약속〉의 촬영지로 더욱 익숙하게 알려져 있습니다. 우리나라에서 가장 아름다운 성당 중 하나로 꼽힐 만큼 고풍스럽고 웅장함을 자랑하는 이곳은 영화 속에서도 상두와 희주 두 사람의 애틋한 사랑과 이별을 숭고하게 그려내는 역할을 합니다.

영화 〈약속〉 촬영지 전동성당

한국 최초의 순교터라는 아픈 역사의 한 페이지를 장식한 전동성당이지만 이제는 〈약속〉을 비롯해 〈클래식〉, 〈YMCA 야구단〉 등과 같은 영화의 영상미를 더하는 최적의 촬영지로, 고풍스러운 멋과 아름다움을 지닌 성당으로, 완공된 지 백여 년이 지난 지금까지도 많은 관광객들과 미사객들을 매료시키고 있습니다.

내부를 둘러보면 낡은 빨강 회색 벽돌이 주는 클래식한 모습은 상념에 젖게 하고 비잔틴풍에 로마네스크 양식이 가미된 아름다운 건물은 잠시 유럽의 어느 소도시에 온 착각이 들게 합니다. 성당 내부도 명동성당처럼 의자와 창문 하나하나에 우아함과 고풍스러움으로 넘쳐납니다.

특히 이곳은 밤에 오면 그 매력이 더해집니다. 그렇지 않아도 전동성당은 야밤에 송강호가 등을 들고 김혜수와 이야기를 나누는 장면과 〈대한민국 헌법 제1조〉가 촬영되기도 했습니다. 도보로 20여 분이 소요되는 근처 전주향교에서도 촬영은 이루어졌습니다. 김혜수가 송강호에게 "이것이 베이스볼이라는 겁니다"라고 설명하는 장면 등이 바로 그것입니다.

〈태극기 휘날리며〉, 〈최후의 만찬〉, 〈재밌는 영화〉, 〈YMCA 야구단〉 등의 영화도 이곳에서 촬영됐습니다. 효자문 갈비탕집 바로 앞에 있는 수원백씨의 효자문은 영화 〈약속〉에서 박신양과 전도연이 결혼식을 올리기 직전 다툼을 가졌던 곳이기도 합니다.

일본 여인들이 오고 싶은 전주향교

전주향교가 일본 여성 한류팬들이 가장 가보고 싶은 한국 드라마 촬영지로 선정됐습니다. 한국관광공사 후쿠오카 지사가 2014년 11월 21일 개최한 '한국 드라마의 밤 in 후쿠오카' 관람객 246명과 한국관광공사 일본어 홈페이지를 통해 실시한 설문조사 결과 이같이 집계됐습니다.

전주는 최근 한옥마을과 지역 대표음식인 비빔밥, 콩나물국밥으로도 유명해 일본인 개별자유관광객의 인기 방문지로 떠오르고 있어 본 설문조사 결과에서도 선호도가 반영된 것으로 파악되고 있습니다. 특히 KBS 2TV를 통해 방송된 드라마 〈성균관 스캔들〉의 주요 배경인 성균관이 전주향교였던 점도 이같은 인기 비결의 하나입니다.

당시 KBS 드라마팀이 전주향교가 전국 339개 향교 가운데 가장 아름다운 향교로 꼽아, 드라마 촬영지로 낙점했으며, 〈성균관 스캔들〉은 정은궐 작가의 베스트셀러《성균관 유생들의 나날》의 원작을 바탕으로 한 드라마입니다.

전주향교는 영화 〈YMCA 야구단〉의 촬영지로도 이용됐습니다. 1905년 을사조약이 체결되던 해에 YMCA 간사였던 질레트에 의해 처음으로 한국에 야구가 도입되던 시기를 배경으로 유쾌하고 감동적인 장면을 그리고 있습니다. 전주향교는 영화 속 'YMCA'건물로 선비 이호창(송강호)이 신여성 민정림(김혜수)을 만나는 곳입니다. 강동원, 김윤석, 임수정 주연의 영화 〈전우치〉의 중반부에도 잠시 등장했으며, 〈이영숙사진관〉 등 영화와 드라마의 단골 배경이 되고 있습니다.

명륜당

드라마 〈성균관 유생들의 나날〉 촬영지 전주향교

영화 속에는 전주의 다리도 많이 등장합니다.

전주천변 진북동 쌍다리 부근은 신구, 김수미의 〈간 큰 가족〉과 김혜수, 천호진의 〈좋지 아니한가〉가 촬영된 곳입니다. 〈간 큰 가족〉에서 휠체어를 탄 김노인과 마누라(김수미)의 추격신은 전주천 쌍다리에서 촬영됐으며, 특히 전북에서 전체 분량의 70% 가량이 촬영된 〈좋지 아니한가〉는 진북동 도토리골과 쌍다리를 주요 거점으로 하고, 완산교에서 서신교까지 영화 속 주요 장면이 대거 촬영됐습니다.

마치 전주천 풍경을 화폭 가득 담기라도 하듯 버드나무, 돌다리, 철봉에 매달려 운동하거나 조깅, 산책하는 아저씨, 벤치에 자리를 잡고 앉아 운동하는 아주머니, 천변 주변의 야경 등이 잘 담겨져 있습니다.

2010년 상반기에 방송된 KBS 드라마스페셜 4부작 〈보통의 연애〉에는 남천교의 모습이 나옵니다. 〈보통의 연애〉는 전주 올로케이션으로 촬영한 드라마로, 재광(연우진)이 자신의 형을 죽인 용의자의 딸인 윤혜(유다인)를 만나 사랑을 느끼게 되면서 그들 앞에 놓인 아픈 진실에 맞서게 되는 러브 스토리를 담고 있는 작품. 재광이 고독하게 바라본 전주천, 남자가 여자 때문에 힘들어 했던 곳이 바로 남천교입니다.

드라마 〈단팥빵〉이 촬영된 여명카메라박물관

한옥마을의 여명카메라박물관은 2004년 7월 4일부터 2005년 1월 16일까지 MBC에서 일요일 아침 9시에 방영된 26부작 아침 드라마 〈단팥빵〉을 촬영한 곳입니다.

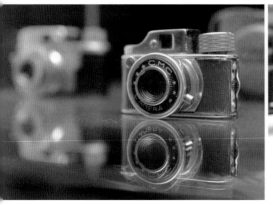

여명카메라박물관

　아침드라마란 본래 주부들의 눈을 사로잡을 막장스런 요소가 많지만, 이 드라마의 경우 그러한 요소를 찾아보기 힘든 점이 시청자들에게서 높은 점수를 샀습니다. 배신, 복수, 출생의 비밀 등의 자극적인 요소는 아예 등장하지 않고, 두 주인공의 결혼 과정에서 양가 식구들의 반대는 거의 없다고 봐도 무방할 정도. 서브 주인공들이 사랑을 쟁취하기 위해 범죄에 가까운 행위를 저지르지도 않습니다.

　일요일 아침 9시라는 치명적인 시간대에 방영되었음에도 불구하고 후반부엔 평균 시청률 10~12%를 꾸준히 찍어주는 기염을 토했습니다. 열혈팬들은 이른바 단팥빵 철인이라 불리었으며 큰 인기 덕에 아침 드라마로서는 드물게 OST 앨범과 DVD까지 출시되기도 했습니다. 출연진 자체가 높은 인지도를 가지고 있진 않았지만, 주연들이 연기력이 준수한 배우들이 등장했으며, 송재호, 정경호, 고 박광정, 류현경, 김나운 등이 조연으로 출연하여 드라마에 감칠맛을 더했습니다.

전주에서 올로케이션으로 촬영을 진행했으며, 전주시의 관광명소들이 드라마의 배경으로 등장합니다. 전주시에서는 전주를 알리는데 기여한 공로로 출연진들에게 감사패를 전달하기도 했습니다. 하지만 극중 한가란과 김선희가 사는 온고을소리청은 지금은 카메라박물관으로 변모, 다양한 카메라들이 전시되며 많은 기획 행사가 열리고 있습니다.

경기전에서는 〈용의 눈물〉 등 사극이 많이 촬영되었습니다. 태조의 영정을 모신 곳으로 이씨 조선왕조의 얼이 담겨있는 경기전이 드라마 촬영지로 각광받고 있습니다. KBS특별기획드라마 〈명성황후〉, 영화 〈광해〉, 드라마 〈바람의 화원〉 등도 이곳에서 촬영됐습니다. 〈광해〉에서 광해(이병헌)와 중전(한효주)이 함께 있는 장면에서 잠시 등장한 대나무 길은 경기전을 찾는 관광객에게 필수 포토 스팟입니다. 〈황산벌〉, 〈여우비〉 등도 이곳의 씬이 보이는 등 경기전이 드라마의 촬영지로 각광받는 것은 수려한 자연환경과 양호한 보존상태, 전주시청의 전폭적인 지원 때문입니다.

수려한 자연환경과 함께 문화재가 비교적 잘 보존돼 있고 서울에 소재한 고궁에서 전투장면을 촬영할 경우 문화재청의 허가가 필요한 데 반해 전주시는 촬영에 매우 협조적이어서 사극촬영의 최적지라는 게 관계자들의 평가입니다. 앞으로 경기전의 문화재적·역사적 가치 또한 재조명 될 것으로 기대됩니다. 실제로 〈용의 눈물〉 방영 이후 설문조사 결과, 경기전은 '가장 전주시다운 장소'로 꼽히기도 했습니다.

제세한방의원과 삼성전당포

전동성당의 맞은편에 있는 돌담을 따라가다보면 제세한방의원이라는 평범한 건물이 보입니다. 모르고 지나치기 쉬운 이 건물과 골목에선 그 유명한 〈말죽거리 잔혹사〉의 한 장면이 촬영되었습니다. 바로 권상우와 한가인의 설레임의 우중 만남씬. 한가인의 학원에 찾아간 권상우. 가방으로 머리를 가린 채 빗속을 뛰어가는 한가인을 발견하고는, "드디어 기회가 왔다. 김현수 용기를 내"라고 혼잣말합니다.

하지만 쉽사리 용기를 내지 못합니다. 그러나 이내 한가인이 먼저 권상우의 우산 속으로 들어섭니다. 이 가슴 콩닥 뛰는 약 3여 분에 걸친, 통째로 기억했다가 써먹고 싶은 데이트 장면을 바로 이 한의원 건물과 거리에서 찍었습니다.

김밥이라도 한 줄 먹으며 잠시 쉬다가, 다시 전동성당이 있는 거리로 나가 걷다보면 오른쪽으로 어여쁜 집 한 채가 보입니다. 놀라지 마시라. 이곳이 바로 전지현의 청순 데뷔작인 〈화이트 발렌타인〉이 촬영된 곳입니다.

삼성전당포라는 간판이 보이는 이 집은 워낙 분위기가 있어 첫눈에 "아!" 하고 탄성을 내지를 수밖에 없습니다. 영화에서 박신양이 비둘기를 날리는 집과 아담하고 고풍스런 전지현의 책방 모두 이곳에서 촬영했습니다. 2층 창문에서 전지현이 불쑥 고개를 내밀 것 같기도 할 정도로 친근하게 느껴지는 것이 쉬이 걸음을 떼지 못하게 만들었습니다. 그러나 지금은 다른 시설로 사용되고 있습니다.

그 집 맞은편으로 바로 보이는 전주성심여중·여고에서는 〈클래식〉

이 촬영됐습니다. 손예진이 가을음악회에서 간절히 조승우를 떠올리며 피아노 연주를 하던 그 강당이 그곳에 있습니다. 하지만 지금은 아쉽게도 그 강당은 허물어지고 터만 남아있습니다. 그래도 운치있는 학교의 정경은 손예진과 조승우의 애틋한 사랑을 절로 떠오르게 만듭니다.

베테랑 칼국수

이곳의 바로 옆 베테랑의 칼칼한 칼국수를 맛본 적이 있나요. 1976년 문을 연 베테랑은 달걀, 들깻가루, 김가루, 고춧가루를 잔뜩 푼 걸쭉하고 푸짐하여, 구수한 옛날식 칼국수 맛을 잊지 못해 찾아오는 손님들로 늘 북적댑니다. 30년이 넘는 세월 동안 이제는 맛도 그만큼 더 숙성되었겠지만 1970~80년대에 이곳에서 친구들과 칼국수를 먹었던 기억을 떠올리며 추억을 반찬삼아 찾는 사람들을 종종 보게 됩니다.

다시 큰길 태조로로 나와 이쁜 큰 자갈이 박혀 있는 길을 걷다가 언덕길에 오르면 르윈호텔(구 리베라호텔)이 보입니다. 이곳에서 잠시 아래를 내려다보면 한옥 지붕들이 보이는데, 여기 전통한옥마을에서는 〈화성으로 간 사나이〉 등이 촬영되었습니다.

그 옆쪽으로 시선을 돌려보면 전주시청이 보입니다. 시청 앞 도로에서는 〈쉬리〉를 패러디한 〈재밌는 영화〉의 시가 총격전 장면이 촬영되었습니다. 〈재밌는 영화〉는 전주 월드컵 경기장에서도 패러디 장면을 촬영했습니다. '내 머리 속에 지우개가 있대' 이곳은 영화 〈내 머리 속의 지우개〉와 〈이것이 법이다〉, 〈라운드 원〉 등도 촬영됐으며, 시청 근처의 사창가인 선미촌에서는 〈대한민국 헌법 제1조〉의 주요 장면이 촬영되기도 했습니다.

시선을 거두고 르윈호텔 앞에서 횡단보도를 건너 흙길 언덕을 오르면 〈태극기 휘날리며〉에서 영신이 오해를 받고 죽던 터가 나옵니다. 원래는 공업고등학교 자리로, 지금은 〈태극기 휘날리며〉 촬영을 끝으로 헐리고 터만 남아있습니다. 그렇긴해도 장동건과 원빈과 이은주와 김수로를 떠올려보면 〈태극기 휘날리며〉의 그 결정적 장면이 오버랩 되는 것이 총소리와 영신이(이은주)의 최후의 변이 들리는 듯합니다.

〈은행나무 침대〉는 한옥마을 은행로의 한복판에 자리한 은행나무를 모티브로 했으며, 영화 〈이장과 군수〉는 전주한벽문화관에서 촬영됐습니다. 이장역의 차승원과 군수역의 유해진이 식사를 하는 장면 뒤로 이곳의 한식당인 '한벽루'가 모습을 드러냅니다. 〈타짜〉에서 조승우가 창문과 창문을 넘어 유유히 빠져나가는 장면을 찍은 동문거리가 소개됩니다.

전북대 앞에선 〈굳세어라 금순아〉가 촬영됐습니다. 배두나는 이 전북대 앞 상가와 고사동 영화의 거리를 열심히 달렸습니다. 한편 전북대 옆에 있는 수려한 덕진공원에서는 〈대한민국 헌법 제1조〉가 촬영되었습니다. 이외에 〈광복절특사〉는 전주공고 실습 용지에 대규모 서대문교도소 세트를 건립해 촬영하였고 〈이것이 법이다〉는 전주에서 거의 모든 장면을 찍었습니다.

또 임은경 주연의 〈여고생 시집가기〉와 김규리, 이세은 주연의 〈분신사바〉 등의 영화가 촬영됐습니다. 이중 영화의 거리에서 10여 분 걸리는 옛 기전여중에서 찍은 〈분신사바〉는 여름을 학교괴담의 세계로 시원스럽게 초대하고 있습니다. 기전여중 앞에는 아담과 이브가 종종 출몰하곤 한답니다. 흔히 바바리맨이라 불리는 그 녀석을 조심해야 합니다.

이외에도 한옥마을에서는 〈내 머리 속의 지우개〉, 〈여고생 시집가기〉, 〈바람난 가족〉, 〈불어라 봄바람〉, 〈말죽거리 잔혹사〉, 〈어깨 동무〉, 〈바람의 전설〉, 〈라운드 원〉, 〈YMCA 야구단〉, 〈클래식〉, 〈질투는 나의 힘〉, 〈사랑한다 말하기〉, 전주 객사는 〈YIN〉, 풍남문과 구 전북도청은 〈이것이 법이다〉, 〈아프리카〉, 〈밤을 걸고〉, 〈라운드 원〉 등이 찍혔습니다. 또 한벽교에서는 〈공공의 적2〉, 가톨릭 전주교구청에서는 〈태극지 휘날리며〉, 〈여우 계단〉, 〈이것이 법이다〉, 〈재밌는 영화〉 등이 소개됐습니다.

또 〈넘버3〉, 〈아프리카〉, 〈질투는 나의 힘〉, 〈하얀방〉, 〈2424〉, 〈해안선〉, 〈색즉시공〉, 〈보리울의 여름〉 등 100여 편의 영화가 전주 곳곳에서 촬영됐습니다. 다른 지역 같으면 영화 촬영지라고 해서 대형 벽화

를 그려 놓거나 주연 배우들의 초상 사진을 설치해 홍보를 하는데, 전
주는 오히려 그게 너무 많아서 엄두를 내지 못한다고.

　전주는 온 동네가 영화의 현장, 시네마천국인 셈입니다. 옛 흔적이
많이 남아 있어 어디에 카메라를 들이대도 예사스럽지 않은 그림이 되
는 전주. 전주는 삼백예순다섯날 언제나 '레디고'로 맞춰져 있습니다.

음식은 짜지만
인심은 싱거운 전주

　전주비빔밥은 평양의 냉면과 개성의 탕반과 함께 조선 3대 음식의 하나로 꼽히고 있지요. 전주비빔밥이 유명하게 된 데는 나름대로 각별한 이유가 있습니다. 주재료인 콩나물이 연하고 고소해 그 질이 빼어나기 때문입니다. 그래서 전주의 각종 요리에는 콩나물이 어김없이 들어가는데 애주가들이 즐겨 먹는 콩나물국밥이 대표적입니다.

　게다가 한정식과 백반에 들이는 깊은 정성은 또 어떠한가요. 음식 솜씨 중에서도 특히 젓갈류가 뛰어나 게젓, 명란젓, 새우젓, 오징어젓 등 그 담는 법과 간수법이 매우 훌륭, 젓갈을 써서 담는 김치는 영양가도 높고 맛도 일품입니다.

　비빔밥과 한정식, 콩나물국밥뿐만 아니라 전주 남부시장엔 유일하게 남은 송철국수가 3대를 이어오고 있으며, 서울소바 역시 3대를 이어오면서 쫄깃한 면과 개운한 국물을 선사하고 있습니다. 남부시장 옹기골목엔 40여 동안 전통 한과를 만드는 백봉기 씨가 있고 또 전주의 고들빼기 김치와 함흥냉면의 맛은 또 어떠합니까. 사람은 변해도 75년 된 백일홍 찐빵의 맛은 여전히 그대로입니다.

또 전주는 푸짐한 안주를 곁들인 막걸리와 모주도 미식가와 애주가들을 불러 모읍니다. 황태, 갑오징어, 달걀부침 등 맛깔스러운 안주를 싼값에 즐길 수 있는 가맥집은 이미 전국적 유명세를 치르고 있는 가운데 2015년 8월 첫 '전주가맥축제'가 열리기도 했습니다.

전주가 이렇게 맛의 고장으로 유명한 이유는 조선시대로 거슬러 올라갑니다. 조선시대에 남원 읍내장과 함께 전주 읍내장은 당시 최대 규모로 자연히 농산물의 집하 유통이 원활했습니다. 하여 각 지방의 식품 재료들이 집산, 풍부한 재료로 하여금 맛의 고향이 될 수 있었지요.

특히 조선왕조인 전주 이씨의 본관이고 대대로 이어져 내려오는 양반들이 많이 살았으므로 풍류와 맛의 고장이라 할 수 있습니다. 경기도 개성이 고려시대 음식의 전통을 지켜온 것에 비해 전주는 조선조 양반풍을 이어받아 고유한 음식문화가 남게 되었습니다.

더구나 전주를 감고 흐르는 전주천은 수질水質이 뛰어났기 때문에 기름진 평야를 만들었고, 여기서 생산되는 곡류나 소채류는 모두 풍부한 영양가를 함유하여 식생활 또한 윤택해질 수밖에 없었습니다. 음식문화는 그 지방의 기후나 산물 등과 관계가 있으므로 자연환경과 밀접한 관련이 있다지요.

전주의 넉넉한 인심을 느낄 수 있는 곳은 야夜시장입니다. 야시장이 서면서 남부시장을 찾는 손님은 하루 최대 1만 명으로 늘어났습니다. 쇠락해가던 구도심에서 또 다른 명물로 떠올라 금요일과 토요일 밤이면 시장 중앙 통로에 이동 판매대 등 70여 점포가 문을 열고 있습니다. 전주는 이제 '호남제일문'인 풍남문과 한옥마을, 전라 감영에다 전통시장의 넉넉한 인심까지 얹어 문화와 역사가 살아 숨 쉬는 가장 한국다운 도시, '문화특별시'를 꿈꾸고 있습니다.

전주비빔밥, 우주를 비빕니다

예로부터 우리 음식은 '밥이 곧 약食醫同原'이라는 사상과 음양오행철학을 바탕으로 발달해왔습니다. 그중 오행사상은 생활 곳곳에 등장하는 바, 색의 근원인 오방색 즉 청색과 적색, 백색, 흑색, 황색을 통해 풍요와 희망의 염원을 담았습니다. 바로 이같은 오행사상이 가장 잘 나타난 음식이 바로 전주비빔밥입니다.

그것은 '오색고명五色告明'으로 소고기를 삶은 국물과 임실의 서목태로 기른 콩나물로 밥을 짓고, 황포묵과 음양오행을 따라 오실과와 황백지단을 넣고, 순창의 고추장으로 만든 양념장으로 비벼 먹습니다.

전주비빔밥에는 갖가지 나물과 고기 등 20여 가지의 재료가 올라가기도 합니다. 전주비빔밥의 비법이 몇 가지 전하는데, 그중 하나는 밥을 지을 때 양지머리 육수를 부어 짓다가 거의 뜸이 들 무렵 콩나물을 넣어 살짝 밥김으로 데친 다음 솥에서 마구 비빕니다.

여기에 묵은 간장과 고추장, 참기름 등을 쓰고 맨 위에는 육회를 얹습니다. 또한 제철 재료가 들어갔는데, 이른 봄에는 청포묵, 초여름에는 쑥갓, 늦가을에는 고춧잎, 깻잎 등을 넣어 계절의 맛을 즐긴 것으로 전해집니다.

1921년 4월 "관화觀花 시절의 단속, 꽃 때가 되어 사람의 왕래도 차차 많아짐에 따라 경찰관도 많이 출동하여 통행 등을 단속하고, 구호반을 설치하여 부상한 사람이 있을 때 속히 구호하며, 맥주, 사이다 등 음료 및 음식 값을 엄중히 단속한다는데, 물가를 다음과 같이 정하였다. 맥주 한 병 칠십오 전, 사이다 한 병 삼십 전, 일본식비빔밥 일인분 오십 전, 점심 상등 일 원 보통 칠십 전"이란 신문 기사를 볼 수 있습니다.

1930년 우리 비빔밥의 가격은 10~15전 내외였습니다. 1931년 5월 윤백남이란 사람이 전주 대정여관에 하루를 묵고 말로만 듣던 전주비빔밥을 먹습니다. 그의 평은 "무엇이 좋아서 전주비빔밥, 전주비빔밥 하는지 그 이유를 알지 못하겠다"며 솔직한 소감을 기록했는데, 당시에도 전주비빔밥은 꽤 유명했던 모양입니다.

한국문화를 상징하는 심벌로서 전주비빔밥은 안성맞춤이요, 한솥밥 가족공동체를 만드는 요건이 됩니다. 때문에 지역간 계층간 집단간 갈등과 대립을 치유할 수 있는 상징적 처방으로 전주비빔밥보다 더 좋은 게 없습니다.

콩나물국밥, 제2의 전성기

전주지방에서는 향토음식인 콩나물국밥을 탁백이국이라고도 부릅니다. 1926년에 창간됐던 월간 취미잡지 〈별건곤〉 제24호 중 팔도지역 음식 소개 지면에 다가정인多佳亭人이란 필자명이 나오는 바, "전주 명물 탁백이국, 진품·명품·천하명식 팔도명식물례찬"에 전주 탁백이국에 대한 예찬론을 펼칩니다. 전주 콩나물국인 탁백이국은 조리법이 매우 간단합니다. 콩나물은 보통 갖은 양념을 많이 넣는데다가 맛있는 장으로 간을 해 만들어야 맛있는 반면 콩나물에 소금으로 간해 만듭니다.

콩나물국밥은 문헌상에는 나오지 않고 《조선요리제법》에 콩나물국으로만 나옵니다. 조리법으로는 쇠고기를 얇고 잘게 썰어 넣어 국물을 만들어 콩나물을 넣어 끓이는 것으로 돼 있습니다. 《우리나라 음식 만드는 법》에는 콩나물국이 겨울 음식이라고 기록돼 있고, 《조선무쌍신식요리제법》에는 콩으로 만든 세 가지 재료인 콩나물, 된장, 두부와 함께 북어를 넣고 끓인 것을 삼태탕三太湯이라는 이름으로 소개하고 있습니다.

전주 콩나물국밥은 먼저 멸치국물에 콩나물을 넣고 끓여 밥을 넣은 후 새우젓으로 간을 합니다. 이어 대파, 풋고추, 김, 장조림 등을 얹은 후 달걀도 풀어 넣습니다. 잘게 썬 신김치도 들어갑니다. 콩나물국밥에 얹는 김치는 간을 맞추는 역할도 하므로 배추를 잘게 다져서 짭짤하게 담가 1년 이상 숙성시켜서 사용합니다.

다른 지역에서는 대두를 쓰지만 전주 콩나물은 눈에 흰 테를 두른 검은 콩으로 마치 쥐의 눈과 같다하여 붙여진 쥐눈이 콩 즉 서목태를 사용 차별화를 도모했습니다. 또, 만경강의 발원지인 완주군 동상면 밤샘과 슬치를 지나 전주 시내를 관통하는 맑은 물은 콩나물을 가을 하늘만큼이나 쑥쑥 높다랗게 키워냈습니다.

전주콩나물국밥과 전주비빔밥을 먹을 때면 콩나물의 삶에 대해 생각하곤 합니다. 무럭무럭 뻑뻑한, 캄캄한 시루 속에서 다리 하나로 지내지만 이들 음식에선 없어서는 안될, 반드시 필요한 존재가 됩니다. 한 바가지의 물을 순식간에 허겁지겁 먹고 살아가지만 너무나도 바지런한 모습으로 잘 성장해줘 모든 사람들의 입사치를 돋웁니다. 세상에 다리 하나로도 이렇게 당당할 수도 있을까 생각하며, 적어도 오늘 만큼은 내 떡과 이웃의 떡을 놓고 저울질을 하지 않기로 다짐해봅니다.

막걸리에 홍탁삼합이 제격, 4번 취한다

'만만한 게 홍어 거시기'라는 말이 있습니다. 남도 사람들이 푸대접받을 때 항의조로 흔히 쓰는 말이지만, 거시기는 몰라도 홍어 자체는 결코 만만히 볼 생선이 결코 아닙니다. 특히 삭힌 홍어의 톡 쏘는 맛에는 탁주의 텁텁한 맛이 어울려 훌륭한 조합을 이룹니다.

홍어를 제대로 먹을 줄 아는 술꾼들은 여기에다, 비곗살이 붙은 삶은 돼지고기에 묵은 신김치까지 곁들여 먹는데, 이를 홍탁삼합洪濁三合이라고 해 최고의 안주로 쳐줍니다. 기름지고 차진 돼지고기와 성질이 찬 홍어를 묵은 신김치에 곁들어 먹고 따뜻한 성질의 막걸리까지 더해지면 그야말로 금상첨화가 아닐런지요. 소설가 황석영은 이를 두고, "혀와 입과 코와 눈과 모든 오감을 일깨워 흔들어버리는 맛의 혁명"이라고 예찬한 바 있죠.

하늘을 이불로, 땅을 깔개로, 산을 배개로 누워 보니, 달은 촛불이요, 구름은 병풍인데, 바다는 술통처럼 넘치는구나. 맘껏 취해 거연히 일어나 춤을 추니, 긴 소매가 곤륜산에 걸릴까 봐 걱정이네.

　모악산 수왕사 등에서 수도한 전북출신 진묵대사가 지은 작품으로, 방랑시인 김삿갓도 감탄했다는 바로 그 시랍니다. 찬바람이 가슴을 후벼드는 날엔 홍탁삼합을 안주삼아 진묵대사처럼 하늘을 장막삼고 땅을 자리삼아 술이 아닌, 곡주穀酒를 전주 한옥마을에서 마시고 싶습니다.

　전주 막걸리는 우리나라 3대 막걸리 중의 하나로 꼽히고 있으며, 비빔밥, 한정식, 콩나물국밥과 더불어 맛고을을 대표하는 음식입니다. 막걸리는 술이면서도 취기가 심하지 않고, 음식처럼 허기를 면해 주고, 힘 빠졌을 때 기운을 북돋워주며, 여럿이 마시면 마음의 응어리를 풀어주니, 그 덕을 지닌 품성이 전주 사람들의 심성과 꼭 닮아 있습니다.

　전주 막걸리는 100% 천연암반수로 만들어서 살아 있는 발효군의 독특한 맛이 애주가들을 사로잡습니다. 그래서 전주 막걸리를 마시면 네 번 취한다고 합니다. 막걸리 흥에 취하고, 맛난 푸짐한 안주에 취하고, 그 맛에 취하고, 저렴한 가격에 취한다고!

　막걸리는 삶이요, 한 잔 하고 있으면 시끌벅적 막걸리가 코로 들어가는지 귀로 들어가는지 잘 모르긴 해도 사람 사는 내음이 납니다. 아무리 몸부림쳐도 텁텁하기만 한 우리네 인생에 막걸리가 닿는 순간 달착지근하게 바뀔 겁니다.

　세상을 살다보면 열 받을 일이 너무 많아 술 한 잔 종종하곤 하죠. 열은 화火이니 반드시 물水로 이를 꺼야 하지 않나요. 주막집을 들르는 사람마다 막걸리 한두 잔쯤을 담아 마신 사발, 내 앞에 간 수많은 이들이 고단한 여로에 잠시 목을 축였고 내 뒤에 또 많은 사람들이 그렇게 입술을 댈 이 빠진 낡은 사발이 과거와 현재, 그리고 미래를 연결하는 메신저입니다.

하얀 달빛을 벗삼아 막걸리 한 잔을 들이키며, 세상의 시름을 내려놓는다면 당신은 전주에서 다섯 번 취하는 셈입니다.

한옥마을의 야夜시장, 밤이 너무 짧습니다

향수는 고향을 그리는 마음입니다. 그게 심해지면 병이 되기도 하지만 그 이름만으로 고단했던 기억도, 즐거운 기억도 문득문득 떠올리는 원천이 됩니다. 향수는 그래서 자신의 탯줄을 묻은 고향일 수도 있고, 추억이 묻어나는 곳일 수도 있습니다. 연고는 없지만 고향의 정취가 묻어나는 곳이라도 가능합니다.

전주는 많은 사람들에게 이런 향수를 일으키기 좋은 곳입니다. 한옥마을이 그렇고, 넉넉한 인심과 맛깔스런 음식이 풍성합니다. 한때 산업화에 뒤진 아픈 상흔이기도 하지만 한세대는 멈춘 듯한 낮고, 낡은 옛 도심도 향수를 일으키기에 충분합니다. 밉지 않은 흥정이 오가고, 고단한 삶을 위로할 오래된 누옥이 즐비한 시장 통도 그렇습니다.

연령과 계층을 가릴 것 없이 화려하고 현대적인 것보다 느리고, 느낌 있는 여행이 마침 트렌드라지요. 향수마케팅, 즉 오래지 않은 과거를 느끼기 좋은 자원으로 관광객을 불러 모으기에 가장 좋은 소재는 전주 남부시장입니다. 남부시장은 규모와 역사가 크고 오랠 뿐 아니라 즐거움이 가득한 곳입니다. 한옥마을 관광객이 늘면서 젊은 층들로 붐비는 청년몰과 야시장이 향수를 자극하기에 적격입니다.

전주 남부시장에는 2014년 10월 31일부터 개장하고 있는 야夜시장이 자리하고 있습니다. 대만(타이완)하면 빼놓을 수 없는 것 중의 하나가 바로 야시장이 아니던가요. 연평균 기온이 20도가 넘는 기후 탓에 밤에 열리는 야시장이 활성화될 수밖에 없었던 만큼 크고 작은 야시장이 지역별로 성행하고 있습니다.

오픈시간이 딱히 정해져 있지는 않지만 날이 저물기 시작하면 노점의 천막이 하나 둘 펼쳐지고 그 안에서 지지고, 볶고, 튀기는 음식의 향연이 펼쳐집니다.

하지만 전주의 야시장은 서울처럼 늦은 시각까지 야시장을 운영하지 않습니다. 보통 야시장은 오후 6시부터 자정까지 영업을 한다고 하니 낭패 보지 않으려면 초저녁에 들러볼 것을 권합니다.

남부시장 1층 중앙통로(십자로)에서 청년몰 입구 약 100m까지 기존 상가와 이동 판매대 70개소가 어우러져 향토음식, 이색음식 등 먹거리와 전통공예품, 문화공연이 펼쳐집니다. 이동 판매대를 준비하는 상인들 얼굴엔 생기가 돌며 손님맞이에 한창입니다.

기존 상점 35곳과 이동 매대 35곳을 합쳐 70개 매장이 백 미터 안에 다 있습니다. 심지어 공예품을 파는 상점, 사진관, 네일아트 가게까지 문을 열었습니다. 조선 3대 시장의 하나였던 남부시장은 대형 마트와 기업형 슈퍼마켓으로 고사 직전까지 몰렸다가 이처럼 화려하게 부활했습니다. 안전행정부가 주관한 야시장 시범 사업이 멋들어지게 성공한 것입니다.

이 때문에 동절기를 지나 하절기에도 야시장을 열고 있습니다. 여름에는 오히려 한 시간을 더 연장해서 영업시간이 자정까지 계속됩니다. 시민과 관광객들이 원하면 주말뿐만 아니라 매일 상설로 운영할 것이라는 소식도 들립니다.

야시장에서는 피순대, 만두, 비빔밥 등 전주의 유명 먹거리와 죽공예. 한지 등 전통시장 대표상품, 수공예품 등을 판매하고 있습니다. 또 청년몰과 지역의 청년이 참여하는 프로그램도 운영될 예정이다. 최근 블로그 등을 통해 전국적으로 인기를 얻고 있는 청년몰과 지역의 청년이 참여하는 프로그램도 운영, 다양한 계층이 즐길 수 있는 공간으로 운영중입니다.

남부시장에 관광객이 찾아들자 덩달아 전주천 건너 새벽야시장도 사람들이 늘었습니다. 남부시장 건너 전주천 왼쪽 도로는 본래 새벽 반짝 시장이 섰는데, 이곳에 관광객의 발길이 잦아지면서 명소가 됐습니다. 노천 시장에 전주와 주변 지역에서 푸성귀를 들고 나온 할머니들과 시민들의 흥정이 볼거리를 제공한 것입니다.

인근의 서학동 예술인 거리 또한 명소가 되고 있습니다. 노천시장과 가까운 완산칠봉 오가는 길, 벽화마을 등에도 옛 정취와 향수를 느끼려는 관광객이 늘고 있습니다. 이들 지역에 이른바 스토리를 입히고, 체험거리를 더하면 한옥마을 못지않은 관광지가 될 게 틀림없습니다. 거창한 시설을 짓고, 화려한 네온을 밝히지 않고도 관광객을 불러 모을 수 있다는 걸 전주시가 보여줄 수 있다면 얼마나 좋을까요.

아주 야夜한 이 밤에. 야시장의 밤은 낮보다 뜨겁습니다.

진미반점 등 오래된 짜장면집 즐비

　1970년 후반 1980년대 전반의 대학생 단체 모임 장소로 각광받던 중국집들로는 동부시장 사거리의 동명각과 풍남문 부근의 아관원이 대표적이었습니다. 전주시의 중앙동에 자리잡고 있는 진미반점은 화교가 운영하는 중국집으로 전주 시민들에게 널리 알려져 있으며, 전주에서 가장 오래된 중국집으로 통하고 있습니다.

　진미반점의 주인공은 중국 산동성 연태시에서 공무원 생활을 하던 유영백 씨입니다. 그의 부친이 모택동의 공산당 정권이 수립되면서 숙청 대상으로 알려지자 1949년 중국에서 탈출해 한국의 전주에 자리 잡게 되었고 연고가 없는 외국인으로 전주에 정착해 처음에는 화교 학교 교사로 시작해 교장까지 역임했다고 합니다. 그 후 1969년 7월 진미반점이란 중국음식점 등록 허가를 받아 전주 시민들로부터 아주 좋은 평판을 받아오고 있습니다.

　전주에는 전동성당 신축에 중국인들이 많이 참여해 전주에 정착한 사람들이 많았으며 다음 화교 2세대는 중국에 공산정권이 들어서면서 그곳에서 살 수 없게 된 만큼 유영백 씨 부친과 같은 시기에 입국한 인물들로 중국의 지식 계층의 인물들이 많습니다.

　또 인근의 홍콩반점은 1970년 문을 열어 지금도 성업 중입니다. 이곳 사장 윤가빈 씨의 부친이 바로 전주 중국집의 시조인 홍빈관 주인인 윤전성 씨였습니다. 광복 전부터 중국식 요정을 경영하던 1세 사장 윤씨가 한국전쟁 직후 홍빈관을 개업해 이를 큰아들에게 줬고 둘째 아들 가빈 씨는 홍콩반점을 차린 것입니다.

물짜장의 명물원조가 홍콩반점입니다. 이곳의 물짜장은 짜장보다는 짬뽕에 가까운 맛인데 간장을 넣어 만들어 간장맛이 나는 것이 특징입니다. 삼선물짜장은 면과 소스가 따로 나오고 춘장이 들어가지 않아 하얀빛을 띠고 소스는 울면 같은 느낌이 납니다. 울면에 가까운 맛으로 뒷맛은 칼칼하므로 담백하고 특유의 불맛이 나고 강렬한 맛이 아니라 걸쭉한 칼국수와 비슷한 느낌도 납니다. 그러나 최근에 폐업한 것으로 확인됐습니다. 구 전북도청 옆에 자리한 대보장도 역사가 오래된 곳으로 화교가 운영하는 반드시 가볼 곳 중의 하나입니다.

떡전거리와 오목대, 그리고 오모가리탕

소설 《남부군》에서 이태가 회문산에 가기 전, 전주 오목대 부근에서 떡을 사 먹고 출발하는 장면이 나옵니다. 기록에 의하면 전주의 고속버스터미널 부근과, 삼천 부근에도 떡전거리가 각각 있어 지나가는 길손들이 떡을 사먹었다고 합니다. 신성주유소 옆 골목을 거쳐 종합경기장에 이르는 길을 전주사람들은 이처럼 불렀던 바, 떡장수들이 모여 길거리다 떡전을 벌였던 데서 비롯된 이름입니다.

먼 옛날에 이 거리는 전주를 통과점으로 정하고 전라좌도쪽에서 상경길에 오르거나 한양으로부터 하향길을 잡아 내려오는 나그네들이 거쳐갔으니, 과거를 보러 괴나리봇짐으로 집을 나선 선비와 상사치들이 떡 한 입을 오물오물 먹으면서 건너갔겠지요. 이곳에서 보부상 놀이를 재현하면서 전주에서 만들어지던 온갖 떡 잔치를 열면서 분위기를 돋우기도 하지만 전주에서 떡을 통해 전통을 찾아가는 행사를 만들었으면 어떨런지요.

전주향교에서 한벽당으로 향하는 길, 전주천 옆에는 오모가리탕 집들이 나란히 자리하고 있다. 오모가리는 뚝배기를 말하는 전주 사투리입니다. 사람수에 따라 크고 작은 오모가리에 메기, 쏘가리, 피라미, 빠가사리, 잡고기를 얼큰하게 끓여낸 매운탕을 오모가리탕이라고 말합니다.

한벽당에 앉아 맛있는 음식을 먹었을 조선 사람들처럼 전주천 옆 야외 평상에서 오모가리탕을 먹을 수 있습니다. 한벽집, 화순집, 남양집, 김제집 등 오모가리탕 가게들이 오랜 시간 그 자리를 지키고 있습니다. 삼삼오오 먹어야 제맛을 느낄 수 있는게 오모가리탕이라는 사실을 잊지 말기를 바랍니다.

풍년제과의 초코파이와 베테랑의 칼국수

새벽에 퍼지는 달그락 자전거 소리와 달콤하고 고소한 센베 냄새. 1951년 고 강정문 씨는 직접 구운 센베를 자전거에 잔뜩 싣고 닭이 홰를 치는 이른 시간 길을 나섰습니다. 그가 전주시 중앙동 3가 29번지에 문을 연 도남제과는 60년 동안 3대를 이어 그 맛을 계승해오고 있습니다.

역사와 전통을 이어가기 위해 전수된 레시피를 지키며 일정한 온도와 굽는 시간, 수작업, 엄선된 재료를 사용해 여러분들에게 갓 구워낸 빵을 통해 빵빵거리며 살라고 기원하고 있습니다.

오리지널 수제 초코파이, 화이트 수제 초코파이, 국내 최초의 센베,

PNB

옛날 양갱 등을 팔아오고 있습니다만 요즘엔 짝퉁 초코파이가 뉴스에 나올 정도로 유명세를 더합니다. 저도 기나긴 줄의 대열에 합류해 여러 차례 이곳의 초코파이를 사다가 타 지역에서 온 지인들에게 선물하고 있습니다.

전주PNB 풍년제과 강현희 대표는 "이제 프랜차이즈의 시대를 지나 장인정신으로 무장한 '작은 빵집'의 가치를 알아주는 시기가 왔다"며 "가격이나 맛, 마케팅 등에서 경쟁력을 갖추고 지방에서 성공을 거둔 맛집이 서울로 올라오기 때문에 성공할 확률이 높을 수밖에 없다"고 말합니다.

역사와 전통이 오래된 전북지역 토종 맛집과 빵집이 하나둘씩 속속 서울로 올라오고 있습니다. 전북 음식에 관한 고유의 맛과 신뢰성이 여타의 프랜차이즈점보다 높게 나타나면서 지역의 한계를 뛰어넘어 선택적 소비를 하고 있는데다가 맛집여행이 유행하면 이를 서울에서도 즐기고 싶어 하는 사람들이 많아졌기 때문입니다.

맛집 팝업스토어는 굳이 현지에 내려가지 않고도 쇼핑하러 나온 길에 지방의 유명 먹거리를 편리하게 구입할 수 있다는 장점 때문에 손님을 끌어들이는 효과가 크다고 합니다. 업체 입장에서도 서울 진출의 성공 여부를 시험해볼 수 있기 때문에 서로 득이 됩니다. 전주PNB 풍년제과의 수제 초코파이는 백화점 식품 코너에서 단기 판매를 하다 아예 정식 매장을 내고 눌러앉았습니다.

젊은 사람들은 '길거리야'에 매료

전주시 풍남동 한옥마을 태조로. SNS에서 먹방의 도시로 떠오르며 시작된 전주한옥마을의 인기가 식을 줄 모릅니다. 최근 20~30대 젊은 사람들 사이에서는 "먹으러 전주 간다."는 말이 유행할 정도로 한옥마을의 먹거리를 찾는 사람들이 꾸준히 늘고 있습니다.

관광객들이 사방에서 밀려드는 네거리 인근의 문꼬지 상가 앞에 관광객 20여 명이 줄지어 서 있습니다. 안에서는 종업원 2명이 오징어·문어 꼬치를 쉴 새 없이 가스불에 구워내고 있습니다. 매운맛과 순한맛 등 소스를 뿌린 꼬치는 문어 4,000원, 오징어 3,000원에 불티나게 팔립니다.

바로 옆에 붙어 있는 치즈닭꼬치 집과 구운 떡볶이치즈 간이음식점 앞에도 10여 명이 음식 나오기를 기다리고 있습니다. 도로 건너편 점포들도 엄지손가락 크기의 떡갈비 4~5개를 끼운 완자꼬치, 기름에 튀긴 왕오징어, 아이스크림으로 속을 채운 추로스 등을 부지런히 쏟아냈습니다.

경기전은 몰라도 '길거리야'는 잘 아는 그들만의 명소. 수제 만두로 대박 난 다우랑, 한옥 모양의 호두과자를 파는 이가네 한옥호두과자, 호떡 하나로 관광객들 줄을 세운 전동호떡, 추억의 먹거리 모정꽈배기, 한옥마을 터줏대감인 외할머니솜씨의 빙수 등이 있습니다.

이밖에 꿀타래와 달고나 뽑기, 구운 가래떡과 모주 아이스크림 등 주전부리 천국입니다. 중심 상권은 태조로와 은행로. 지나친 상업화에 대한 우려가 끊이지 않는 곳이지만, 적어도 관광객들은 색다른 문화체험을 즐기는 표정입니다. 보물찾기 하듯 골목골목 숨겨진 맛집을 찾아 헤매는 게 유행이 됐습니다.

한옥마을은 관광객들이 폭발적으로 늘면서 음식점도 덩달아 우후죽순격으로 들어서고 있습니다. 전주시에 따르면 풍남동·교동 한옥마을 방문객은 2010년 350만 명에서 2013년엔 508만 명, 2014년 592만 명으로 늘었구요, 식당도 2010년 36개에서 2013년 64개, 2014년 139개로 급증했습니다.

상가들은 한옥 지붕과 '한옥'이 들어간 간판을 달고 있었지만 전통 먹거리는 눈을 씻고 봐도 찾기 힘들었습니다. 비빔밥 등을 내놓는 향토 음식점은 1~2곳에 불과합니다. 떡이나 부꾸미, 전 등 우리 음식이 있으면 한옥마을과 잘 어울리고 반응도 좋을 텐데 참으로 안타깝습니다.

문화공간,
너무 많아 어디로 가야 할까요

　조선시대 중엽 전라도 전주 서문밖 30리에 살던 최만춘이라는 퇴리
가 조씨부인과 자식 없이 살다가 명산 대찰에 불공을 드린 뒤 아이를
얻고, 아이 이름을 콩쥐라고 지었습니다. 그 뒤 조씨부인은 콩쥐가 태
어난 지 백일 만에 세상을 떠나면서 부녀가 서로 의지하며 행복하게 살
고 있었다는 내용으로부터 시작합니다.

　전래동화 속 콩쥐는 잔치에 가고 싶어 넓은 밭을 매고, 많은 빨래를
하고, 밑 빠진 독에 물을 부었더랍니다. 풍성한 음식과 흥겨운 가무가
곁들여지는 잔치는 어린 콩쥐의 마음도, 나이든 팥쥐 엄마의 마음도 설
레게 합니다.

　제대로 된 잔치를 구경하기 힘든 요즈음 같은 때, 한옥마을에서 남
녀노소 모두를 즐겁게 해줄 잔치 한판이 매년 5월부터 10월 사이 전주
한벽문화관과 전주소리문화관 등에서 열립니다. 전주문화재단이 마

련하는 이 공연은 한옥자원 야간상설공연으로 '해 같은 마패를 달같이 들어 메고', '천하맹인이 눈을 뜬다' 등을 주제로 한 토요일 마당창극입니다.

마당창극은 입소문을 타고 매진 사례가 벌어지고 있습니다. 명창들이 대거 출연해 공연의 질을 보장한다는 매력 외에 답답한 실내 공간이 아닌 전주소리문화관 야외 마당에서 한옥을 무대로 공연이 펼쳐진다는 점이 새롭습니다.

정숙하게 숨죽여 들어야 하는 클래식 공연과 달리 박장대소하고 '얼씨구, 좋다!' 장단을 맞추고 추임새를 넣으며 마음껏 흥에 취해도 됩니다. 이러한 특징이 한옥 마당이라는 특별한 공간과 만나니 제대로 맛이 살아납니다. 특히 '강남스타일' 말춤에 비보이까지 등장하는 신개념의 마당 창극입니다.

공연 시작 1시간 전부터 한옥에 입장해서 풍성한 잔치 음식을 즐길 수 있습니다. 한복을 곱게 차려입은 전주의 어머니들이 나와서 떡이며, 부침개며, 고기며, 과일이며, 막걸리를 잔뜩 내어줍니다. 뜨거운 햇살이 한 자락 넘어간 뒤 운치 넘치는 한옥 마당에 앉아 잔치음식을 푸짐하게 먹고 나면 긴장한 마음이 이내 무장 해제되고 맙니다.

고즈넉한 야외 마당에서 펼쳐지는 소풍 같은 시간이지요. 아름다운 한옥을 배경삼아 달빛과 별빛, 귀를 애무하는 전주천의 바람, 시원한 전주 막걸리 한 잔에 흥겨운 추임새, 실컷 넣어도 한옥마을에서는 무죄입니다.

전통문화 체험의 도시하면 바로 전주가 떠오릅니다. 전주에는 풍부한 문화 향유 기회를 느낄 수 있는 각종 전통문화시설들이 자리잡고 있습니다. 문화체험에서 음식, 숙박까지 한국의 전통미를 그대로 살린 전통문화시설들이 너무 많아 어디로 가야할지 언제나 고민이 됩니다.

전주한벽문화관

전주한벽문화관은 전통과 현대가 어우러진 문화예술공간입니다. 한벽극장과 경업당에서는 판소리와 기악, 전통춤 등 전통예술 관련 공연과 의례와 의복, 예술 등에 깃들어있는 전통의 숨결을 느낄 수 있습니다.

공연이 이루어지는 곳으로는 전주소리문화관도 있습니다. 1고수 2명창이란 말이 있을 정도로 전주는 자타공인의 한국을 대표하는 소리의 고장입니다. 대사습놀이 전국대회와 전주세계소리축제가 열리는 옛 명성을 이어 나아가기 위해 만들어졌습니다. 오정숙 기념관과 판소리 역사 전시실을 운영하면서 수시로 공연이 이뤄지고 있습니다.

전주전통문화연수원으로 가볼까요. 전주 동헌인 풍락헌豊樂軒은 음순당飮醇堂으로도 불렸으며 부윤의 업무공간으로 지금의 전주시청에 대응됩니다. 이는 동헌의 상징성과 역사성을 되살리기 위한 전주시의 노력으로 소유주인 유인수씨가 제각의 건물을 전주시에 쾌척함으로써 한옥마을로 옮겨졌습니다. 이곳엔 안채와 사랑채, 별채 등이 있어 연수를 할 경우, 숙소로 사용됩니다.

전주한옥생활체험관은 양반집처럼 사랑채와 안채, 행랑채와 사랑마당, 안마당 등이 자리한 한옥입니다. '문화의 향기를 나누어 세상의 조화로움을 꿈꾸고 좋은 풍속을 세상에 전한다'는 뜻의 세화관世化觀은 사랑채의 이름이며, 음식, 한지공예, 예절 등 체험 프로그램이 많습니다.

전주공예품전시관은 아주 사소한 기념품부터 마음을 담은 선물까지, 공예품의 멋을 한껏 느낄 수 있는 곳입니다. 명장공예관엔 나전칠기, 소목, 한지공예, 국악기, 도자기 등 무형문화재와 명장들 작품이 전시되고 있으며, 도자관과 전시판매장도 만날 수 있습니다.

공예품 중에서도 부채를 전문으로 하는 곳은 전주부채문화관입니다. 한옥마을 내에 위치하고 있으며, 선자청이 있던 전주와 전주 부채의 역사적 가치와 문화사적 의미를 밝혀 부채 장인들의 예술혼을 부챗살처럼 펼쳐 보이며, 그 정신을 정립하는 곳입니다. 청풍실은 전주 부채의 맥을 이어오고 있는 선자장 즉 부채를 만드는 장인들의 작품과, 부채의 역사를 읽을 수 있는 부채 유물 작품을 감상할 수 있다고 있으며, 상설전시실에서는 기획전이 열리고 있습니다.

만들기 체험을 할 수 있는 또 다른 곳은 전주술박물관입니다. 주세법으로 인해 가던 전통주의 맥을 찾아 집집마다 술을 빚던 가양주의 전통을 되살리는 공간입니다. 계영원, 양화당 등에서 술 빚는 과정이 전통적으로 재현되고 있습니다. 물 위에 술잔을 띄우고 자기 앞에 올 때 시를 읊던 '유상곡수연流觴曲水宴'의 운치를 느낄 수 있습니다.

또 전주완판본문화관에서는 활자체험, 전시회 등이 잇따라 열리고 있습니다. 완판본이란 전주에서 발간한 옛 책과 그 판본을 말합니다. 조선의 목판인쇄는 서울의 경판과 경기도 안성의 안성판, 대구 달성판 등이 있는 바, 완판본은 종류나 규모에 있어 최고로 알려져 있습니다.

글씨를 즐길 수 있는 또 다른 곳은 전주시 강암서예관입니다. 전주의 관문에 '호남제일문'의 글씨를 쓴 강암 송성용선생이 강암서예학술 재단을 창설하고 소장품과 재산을 전주시에 기증, 그 정신을 기리기 위해 전주시가 세웠습니다. 국내 유일의 단일 서예관으로, 추사 김정희, 단원 김홍도, 다산 정약용의 편지 등 1,200여 점을 소장하고 있습니다.

전주목판서화체험관에서는 전통 판각의 기본 개념과 원리를 정확히 배우는 한편 현대적 감각으로 다양한 목판서화를 만들 수 있는 체험 프로그램이 운영되고 있습니다. 심청전은 여러 이본異本이 있지만 목판은 물론 낱장 전체가 온전히 남아있는 판각본도 찾기 힘든 상태입니다. 목판서화체험관 대표 안준영 씨가 체험관에 마련된 자신의 작업실에서 심청전 상권 목판의 복각 작업을 마쳤습니다.

고전번역교육원은 교육부 산하 정부 출연 연구기관인 한국고전번역원 부설기관입니다. 한문 고전문헌 정리와 번역을 위한 인재를 양성하기 위해 1974년에 설립됐으며, 전국 최초로 전주에 분원을 두고 있습니다. 장기 프로젝트로 전북선현문집해제를 한 것이 가장 큰 성과입니다. 한국학 연구자와 일반인, 대학생 등을 대상으로 논어와 맹자, 대학, 중용 등의 강의가 이뤄지고 있습니다.

전주의 무형유산을 즐길 수 있는 곳도 있습니다. 국립무형유산원이 그 주인공으로 750억 원을 들인 무형유산원은 공연동과 기획전시 공간, 상설 전시와 자료 보관실, 회의시설, 교육시설 등으로 구성됐습니다. 각 건물은 옛날 궁궐의 회랑을 연상시키는 다리로 연결했습니다. 방문객이 어느 건물로 들어가든 모든 시설을 둘러보고 다시 원점으로 돌아올 수 있도록 만들었습니다.

무형유산 보존 및 창조적 계승과 생활화 그리고 세계화를 위해 5년

전주완판본문화관

전주전통문화연수원

전주한벽문화관

전주부채문화관

전주목판서화체험관

전주한벽문화관 체험모습

간의 준비를 거친 국립무형유산원은 우리나라 무형문화유산의 창조적 계승과 가치 확산은 물론, 세계 인류무형문화유산의 보호와 전승에 앞장서는 세계적인 무형유산 복합기관입니다.

공연장과 전시실, 아카이브 교육 공간 등을 갖추고 있어 중요무형문화재 보유자에게는 무형문화유산의 전승과 확산의 거점이 되고, 국민에게는 무형문화유산을 즐기고 향유하는 공간이 될 것으로 기대하고 있습니다.

중요무형문화재 보유자와 이수자 6,000여 명을 위한 전승 활동 지원을 본격적으로 할 수 있는 공간, 세계 유일, 최고의 복합 무형유산 공간으로 국민과 함께 살아 숨 쉬는 콘텐츠를 구축하고 있습니다.

한국전통문화전당

한韓스타일 중심의 전통문화를 육성·지원하기 위한 한국전통문화전당이 2015년 개관해 운영되고 있습니다. 이곳에는 17개 공방과 문화전시관, 조리 체험실, 한지산업지원센터, 공연장, 음식점 등이 들어서 있습니다. 오늘도 전통의 대중화·산업화·세계화를 실현하고 한문화K-Culture의 융합거점으로 자리매김하도록 노력하고 있습니다.

뿐만 아니라 전주한지산업지원센터는 한지를 이용한 다양한 상품을 디자인하고 개발 및 지원을 하며 일반인들이 한지에 관심을 가질 수 있도록 한지 뜨기 등 다양한 체험을 마련하고 있습니다.

또, 공예품을 관람할 수 있는 전시장이 마련돼 아이들뿐만 아니라 어른들에게도 볼거리가 풍성합니다. 한지의 역사부터 제조과정, 종류, 용도 등 전주한지의 모든 것을 알 수 있습니다. 전통식 초지기, 유압식 압착기 등 장비를 만날 수 있습니다.

그리고 전북대학교가 지역 문화예술의 상징인 한옥마을에 '전북대학교 예술진흥관'을 열고 예술활동 진흥에 나서고 있습니다. 2010년 4월 28일 문을 연 이 곳은 한옥마을에 위치한 구 총장 공관을 새롭게 리모델링해 개관, 실내외 공연장과 상설전시장, 스튜디오, 작업실, 연습실 등 복합 문화 시설들이 마련돼 각종 행사를 갖고 있습니다.

문화공간을 즐기다 보면 참으로 사진찍기가 쉽지 않지요. 구도를 잘 잡는 것도 중요하지만 하늘이 도와주어야 하고 또 필요한 사람 또는 동식물이 적재적소에 있어야 합니다. 마지막엔 적절한 포인트에서 셔터를 눌러야 좋은 작품이 탄생하는 것처럼 어쩌면 세상살이는 사진 찍는 것과 같다는 생각입니다.

스킬과 경험이 있어야 좋은 날이 기약되지 않나요. 안타깝게도 세상은 우리를 위해 기꺼이 포즈를 취해주지 않습니다. 하지만 기다림의 미학을 알고 철저하게 준비한 사람은 찰나를 놓치지 않는 법입니다. 인생에게도 기회는 누구나 오지만 순간을 잘 포착하는 사람이 있는가 하면 매번 기회를 놓치는 사람도 있죠.

그 안목을 키우는 건 바로 마음이고, 선난이후득先難而後得, 선난이후획先難而後獲, 먼저 어려움을 겪고 나면 뒤에 얻을 것이 생길 것이란 희망의 끈을 잡느냐 놓느냐의 문제로 귀결됩니다.

서예가 백담 백종희선생의 휘호 '운권천청雲捲天晴'처럼, 먹구름이 걷히고 하늘이 맑게 개일 수만 있다면 더 이상 무엇을 희망하리요. 기회란 내가 던진 물수제비가 눈 앞에 보이다가 사라진 후, 강 밑바닥까지 닿을 때까지 참고 기다리는 자의 특권이 아닐까요.

　전주 한옥마을의 여명카메라박물관은 옛 카메라 전문 박물관으로, 포근하면서 세련된 한옥 전시장에는 세계의 고풍스러운 고전 희귀카메라가 다양한 예술미와 이야기를 담고 여러분을 기다리고 있습니다.

　여명카메라박물관의 카메라들은 디지털 카메라처럼 원하는 대로 찍고, 지울 수 있는 것이 아닌 고유의 필름을 이용한 카메라입니다. 이스트만 코닥, 라이카, 샌더슨 등 400여 종류의 카메라들은 현재 모두 촬영이 가능한 살아있는 예술 작품입니다.

　지난 2013년 8월 문을 연 박물관에는 1850년대 만들어진 수제 카메라는 물론 1900년대 초반에 미국과 영국 등에서 제작된 세계 각국의 희귀 카메라들이 셀 수 없을 정도로 많습니다.

여명카메라박물관

카메라의 생명은 기록 할 수 있는 기능이기에 그 관리와 보관을 철저하게 유지하였습니다. 수공으로 정성스럽게 만들어진 모서리 한 귀퉁이, 작은 부품 하나까지 고유한 아름다움을 지니고 있습니다. 따라서 장인들의 손길로 만들어진 명품 카메라들을 직접 볼 수 있습니다.

사진을 찍는다는 것은 역사를 기록하는 것과 같습니다. 한 장의 사진을 보며, 사람, 자연, 문화 등 다양한 이야기를 나눌 수 있는 것과 같이 카메라 역시 셔터를 누르던 한순간 한순간을 뷰파인더 안에 담고 있습니다.

박물관은 아련한 필름 카메라의 기억을 선사하며 더불어 축음기, LP 소리감상, 오리지널 앤디워홀 판화, 영화감상, 다양한 공연과 이벤트 등 색다른 문화가 숨 쉬는 보석같은 박물관입니다. 여러분, 옛 카메라의 이야기에 귀를 기울여보시길 바랍니다. 한재섭 관장이 처음 옛 카메라에 반한 순간은 10여 년 전입니다.

이스트만 코닥의 1903년 폴딩 카메라로 그 깔끔하고 붉은빛이 주는 매력에 한참 동안 카메라만 바라보고 있었다고 합니다. "그림을 그리는 사람으로서 시각적인 것에 관심이 있기도 했지만, 단순히 사진을 찍는 도구를 넘어서 예술과 과학의 절묘한 조화에 강렬한 전율을 느꼈습니다. 그렇게 시작된 카메라 수집은 외국에 거주할 때부터 차차 그 범위를 넓혔으며, 지금도 여러 나라의 희귀 카메라를 모으고 있습니다."

그렇다면 한재섭 관장이 말하는 카메라들이 그동안 몇 장의 사진을 세상에 선보였을까요? 여러분과 나누고자 하는 것은 카메라가 남긴 사진 이야기가 아닌 카메라 자체의 소중함입니다.

옛 카메라를 통해 그 옛날 옹기종기 모여 사진을 찍기 위해 긴장했던 그때의 우리들, 부모님, 친구들을 떠올립니다. 많은 것이 모자라고 부족했던 그때는 오히려 소중한 것도 많았고, 소중한 순간도 많았던 것 같습니다.

필름 한 장이 아쉬워 몇 번을 생각하고 망설이며 셔터를 누르던 그때! 발달된 기술 덕에 이젠 손쉽게 디지털 카메라와 핸드폰으로 매 순간을 담습니다. 하지만 어느 날 손쉽게 모든 파일을 지워버리기도 합니다.

박물관에서는 필름 카메라 같은 추억을 만드셨으면 합니다. 소중한 가족의 얼굴을 천천히 바라보며 기억에 남을 사진 한 장을 남기시고, 산책하듯 천천히 걸으며, 혹은 향긋한 차 한 잔을 즐기며 옛 카메라의 이야기에 귀를 기울여보시길 바랍니다.

이전에는 온고을소리청이 자리했던 곳으로, 한때 일요일 아침이라는 방영 시간에도 불구하고 '일요철인'이라는 마니아들까지 만들어내며 인기를 끌었던 드라마 〈단팥빵〉의 주 배경지이기도 합니다.

교동아트센터

백양사 창업의 터전을 리모델링한 전시 공간으로 신진 작가 발굴, 다양한 기획전을 통해 한옥마을의 대표 공간으로 자리매김하고 있습니다. 전통이 바탕인 한옥마을에 현대적 감각의 미술·공예 장르가 접목됨으로써 시민들이 다양한 스펙트럼의 문화예술을 향유할 수 있어 반드시 한 번씩은 들렀다가 가는 곳으로, 자체적으로 만든 한지 양말 등 문화 상품을 판매하고 있습니다.

고하문학관은 시인 고하古河 최승범 선생의 개인 서실입니다. 1996
년 정년퇴임한 뒤 장서를 어떻게 처리할까 고민하던 중 신용금고를 경
영하던 중학교 동창이 공간을 마련해 줘 1997년 문예관의 둥지를 틀었
습니다.

그뒤 전주시가 성심여고 남쪽 향교길의 2층짜리 동사무소를 리모델
링한 건물을 제공해 2010년 현재의 공간으로 이전했습니다. 3만여 권
을 웃도는 장서가 있으며, '고하문학관'이라는 한글 현판은 송하진 전
북도지가 전주시장 재임 시절에 쓴 글씨입니다.

수원 백씨 인재종가인 학인당은 한옥마을에 있는 700여 채의 한옥
가운데 격식을 갖춰 지은 지 100년 된 대형 한옥입니다. 조선 말, 한국
전통 건축 기술을 전승받아 지은 건물로, 당시의 상류층 주택 전형을
보여 주고 있습니다. 학인당은 오대산 등지의 목재를 사용해 2년 8개
월에 걸쳐 건축했으며, 땅샘이 유명한 이곳은 숙박은 물론 다양한 문화
체험이 가능합니다.

학인당이 백범 김구선생이 묵은 곳으로 유명하다면 고종황제의 손
자로 유명한 곳은 승광재입니다. 이석은 마지막 황손이자 〈비둘기집〉
을 부른 가수입니다. 고종황제의 다섯째 아들인 의친왕의 아들이니, 고
종황제의 손자입니다. 전주가 조선왕조의 뿌리이고 태조 이성계의 어
진을 모시고 있는 곳입니다. 그래서 전주시가 그에게 공간을 제공, 오
늘날 한옥마을에서 살게 됐습니다.

조선과 황실의 역사를 담은 사진들을 보며 황손에게서 직접 황실 이
야기를 들을 수 있으며, 전통궁중한식과 궁중다례도 체험할 수 있습니

다. 아궁이 온돌방에서 하룻밤 묵으며 황손에게 직접 듣는 황실이야기를 듣노라면 저 멀리 있던 역사 속의 이야기들이 손에 와 닿을 만큼 가까워집니다.

국악과 가까워질 수 있는 공간도 있습니다. 전주농악전수관은 허영욱이 전주 시민들로 하여금 국악을 배우고 싶어도 기회가 닿지 않았던 시민들을 대상으로 배움을 장을 마련, 쉽고 체계적으로 국악을 배우고 느낄 수 있도록 지도하고 있습니다.

시민국악교실은 현재 기초반, 연구반, 고급반, 전문반, 꽹과리반, 야간반, 사물놀이반, 꿈나무반 등 교육과정이 편성돼 있으며, 수료 후 수료증과 국악 강사의 자격을 부여하고 있습니다.

40여 년 전통의 솔갤러리가 2015년 3월 전주시 경원동 한국전통문화전당 인근으로 확장, 이전한 가운데 다채로운 기획전을 갖고 있습니다. 전시 공간은 약 300여 평으로, 이전보다 더욱 공간이 넓어졌으며, 도내 사설 갤러리 가운데 최대 규모로 평가받고 있습니다. 지난 2000년 '강암 송성용 작고1주기 특별전'과, 2006년 '한국서화300년전' 등 도내에서는 보기 드물게 굵직한 전시들을 주기적으로 기획한 바 있습니다.

기념관도 있습니다. 먼저 동학혁명기념관은 전주한옥마을 은행로에 자리잡고 있으며, 동학혁명 100주년 기념사업으로 혁명정신을 기리기 위하여 건립한 기념관으로 주요 인물에 관한 자료들을 전시하고 있습니다.

동학혁명기념관 건립문에 의하면, 천도교중앙총무 동학혁명100주년 기념사업회는 1995년 5월 31일, "동학혁명정신을 기리기 위해 교인

동학혁명기념관

들의 성금과 정부지원금 등으로 혁명기념관을 세워 이를 후대에 전한
다"고 적고 있습니다. 전주한옥마을을 찾으셨다면 잠시 짬을 내서 우리
근대사에 큰 획을 그은 동학혁명의 정신을 기려보셔도 좋습니다. 손화
중, 전봉준, 손병희 등이 여러분들을 기다리고 있습니다.

2006년 4월 한옥마을에 개관한 최명희문학관은 다양한 문학 활동
을 통해 작가 최명희와 한국의 대표 문학유산인 소설《혼불》의 가치를
알리고 있습니다. 한국의 전통, 역사, 문화가 수백여 채의 한옥과 함께
응결된 곳이 전주입니다.

작가는 고향 전주를 '천년이 지나도 이천년이 지나도 또 천년이 가

도, 끝끝내 그 이름 완산이라 부르며 꽃심 하나 깊은 자리 심어 놓은 땅'이라 표현했습니다. 최명희의 생가는 바로 한옥마을 뒤편에 있어요. 정확히 말하면 생가 터가 남아 있고 지금은 소방도로가 나 있지요. 문학관이 생가에 건립되지 않고 한옥마을에 들어선 것은 그 때문입니다.

지하 1층, 지상 1층 규모의 문학관에는 주전시관인 독락재獨樂齋, 문학강연장, 수장고 등으로 구성돼 있으며, 혼불문학제, 혼불학술제, 문학기행, 손글씨 공모전 등 다양한 프로그램을 운영하고 있습니다.

최명희 문학관

명칭	주소
전주한벽문화관	완산구 전주천동로 20
전주전통문화연수원	완산구 향교길 119-6
전주공예품전시관	완산구 태조로15
전주한옥생활체험관	완산구 어진길 29
전주술박물관	완산구 한지길 74
전주완판본문화관	완산구 전주천동로24
전주소리문화관	완산구 한지길 33
전주시 강암서예관	완산구 전주천동로 74
고전번역원 전주분원	완산구 경기전길 125-7
전주목판서화체험관	완산구 전동성당길 110
전주부채문화관	완산구 경기전길 93
국립무형유산원	완산구 서학로 95
한국전통문화전당	완산구 현무1길 20
한지산업지원센터	완산구 현무1길 20
전북대 예술진흥관	완산구 어진길 32
여명카메라박물관	완산구 한지길 92
교동아트센터	완산구 경기전길 89
고하문학관	완산구 향교길 28
학인당	완산구 향교길 45
승광재	완산구 최명희길 12-6
전주농악전수관	완산구 현무2길 67
솔갤러리	완산구 팔달로 212-5
동학혁명기념관	완산구 은행로 34
최명희문학관	완산구 풍남동 3가 67-5

한옥마을의 문화체험공간

한옥마을엔
몇 점의 문화재가 있을까?

국악인 이옥희 씨가 1984년 판소리분야 전라북도 무형문화재 1호로 지정되는 등 전주시에는 무형문화재로 지정된 사람이 34명이나 있습니다. 전국 기초지자체의 평균 지정 인원 1.7명과 비교하면 20배에 이릅니다.

이는 전통문화도시인 전주시의 문화잠재력을 방증하는 수치입니다. 전주시는 문화체육관광부가 한국문화관광연구원에 의뢰해 전국 158개 기초 시·군을 대상으로 조사한 '2012 지역문화지표 개발 및 시범 적용 연구 결과'에서 지역 문화인력 및 자원 분야에서 가장 높은 평가를 받았습니다. 어쩌면 국립전통문화유산원이 전주에 둥지를 튼 것은 어쩌면 당연하지 않나요. 한옥마을과 바로 그 주변에 1,300년 전주의 혼이 꿈틀거리는 유형 문화재도 손으로 셀 수 없을 정도로 많습니다. 한옥마을의 문화재를 모두 돌아볼 수 있는 미션을 한 번 수행해볼까요?

명칭	종목	지정(등록일)
조선태조어진	국보 제317호	2012.6.29
전주 풍남문	보물 제308호	1963.1.21
전주 풍패지관	보물 제583호	1975.3.31
전 낙수정 동종	보물 제1325호	2001.9.21
전주 경기전 정전	보물 제1578호	2008.12.1
전주지도	보물 제 1586호	2008.12.22
완산부지도	보물 제1876호	2015.4.22
전주 전동성당	사적 제288호	1981.9.25
전주 남고산성	사적 제294호	1981.12.10
전주 경기전	사적 제339호	1991.1.9
전주향교	사적 제379호	1992.12.23
전주향교 대성전	전북 유형문화재 제7호	1971.12.2
한벽당	전북 유형문화재 제15호	1971.12.2
조경묘	전북 유형문화재 제16호	1973.6.23
전주부지도	전북 유형문화재 제80호	1977.12.31
전주향교 소장 완영 책판	전북 유형문화재 제204호	2005.12.16
승암사 소장 불서	전북 유형문화재 제209호	2006.6.16
전주 경기전 하마비	전북 유형문화재 제222호	2013.11.15
오목대 이목대	전북 기념물 제16호	1974.9.24
천주교 순교자묘	전북 기념물 제68호	1984.9.20
남고사지	전북 기념물 제72호	1985.8.16
전라감영지	전북 기념물 제107호	2000.9.8
학인당	전북 민속문화재 제8호	1976.4.2
예종대왕 태실 및 비	전북 민속문화재 제26호	1986.9.8
화산서원비	전북 문화재자료 제4호	1984.4.1
관성묘	전북 문화재자료 제5호	1984.4.1

명칭	종목	지정(등록일)
천양정	전북 문화재자료 제6호	1984.4.1
전동성당사제관	전북 문화재자료 제178호	2002.4.6
전주신흥학교 강당과 포치	등록문화재 제172호	2005.6.18
전주 중앙동 구 박다옥	등록문화재 제173호	2005.6.18
전주 다가동 구 중국인 포목상점	등록문화재 제174호	2005.6.18

전주 한옥마을과 주변의 유형 문화재(2015년 말)

첫 번째로 조선태조어진입니다. 조선을 건국한 태조 이성계의 초상화로 가로 150cm, 세로 218cm입니다. 태조의 초상화는 한 나라의 시조로서 국초부터 여러 곳에 특별하게 보관되어 26점이 있었으나 현재 전주 경기전에 있는 태조 초상화 1점만이 남아있습니다.

1872년에 낡은 원본을 그대로 새로 옮겨 그린 것인데, 전체적으로 원본에 충실하게 그려 초상화 중 가장 표현하기 어려운 정면상임에도 불구하고 훌륭하게 소화해 낸 작품으로 조선 전기 초상화 연구에 있어 귀중한 자료가 됩니다.

이 초상화는 임금이 쓰는 모자인 익선관과 곤룡포를 입고, 정면을 바라보며 의자에 앉아있는 전신상으로 명나라 태조 초상화와 상당히 유사합니다. 곤룡포의 각진 윤곽선과 양다리 쪽에 삐져나온 옷의 형태는 조선 전기 공신상에서 볼 수 있는 특징입니다. 또, 바닥에 깔린 것은 숙종 때까지 왕의 초상화에 사용된 것으로, 상당히 높게 올라간 것으로 보아 오래된 화법임을 알려줍니다.

무엇보다도 의자에 새겨진 화려한 용무늬는 공민왕상에서도 보이는 것으로, 고려말에서 조선초까지 왕의 초상화에서 대체적으로 나타나고 있습니다. 익선관은 골진 부분에 색을 발하게 하여 입체감을 표현하였고, 정면상임에도 불구하고 음영법을 사용해 얼굴을 그려냈다는 느낌입니다.

조선 태조 이성계의 초상화를 모신 곳인 전주 경기전 또한 문화재입니다. 태종은 1410년 전주·경주·평양에 태조의 모습을 그린 초상화를 모시고 어용전이라 했습니다. 그 후 1412년에 태조 진전이라 부르다가 세종 1442년에 와서 전주는 경기전, 경주는 집경전, 평양은 영흥전으로 달리 이름을 지었습니다.

태조 어진을 모신 곳을 어용전, 태조진전 등으로 명명하던 것을 1442년(세종 24년)에 경기전이라 부르기로 결정하였습니다. 전주 경기전의 정전正殿 또한 한옥마을의 문화재입니다. 조선왕조를 개국한 태조 어진이 봉안된 정전 기능과 품위에 기준한 내신문 내의 신로 및 향로의 엄격한 격식, 그리고 정전과 배례청 평면 조합 및 어방구조 등이 보물로서의 문화재 가치가 인정됩니다.

1410년에 창건된 경기전은 1597년 정유재란 때 소실되고 임진왜란 때 불타 1614년에 중건했습니다. 1872년 태조 어진을 새롭게 모사하여 봉안하면서 태조 영정 등 경기전의 전반적인 보수가 이루어졌습니다. 섬세한 조각과 우물천정 단청 등의 의장이 화려한 편으로 다른 유교 건축과 차별화된 권위성을 볼 수 있으며, 구조 부재들의 이음과 맞춤이 정확하며 견고하고 조선 중기의 전통 건축 기법이 잘 전수된 안정된 구조와 부재의 조형 비례는 건축적 품위를 돋보여줍니다. 문화재청 홈페이지에는 아직도 태조어진이 보물인 것으로 기록된 만큼 수정이 필요하군요.

조경묘는 경기전과 함께, 전주가 조선왕조의 발원지임을 상징하는 곳으로 문화재입니다. 이 사당은 전주 이씨의 시조인 이한李翰과 그 부인의 위패를 모신 곳입니다. 이한은 신라 때 사공司公이라는 높은 벼슬을 지냈고, 그 부인은 경주 김씨입니다. 조선을 세운 태조 이성계는 이

경기전

한으로부터 21대 후손입니다. 조경묘는 1771년에 세워, 영조가 세손으로 하여금 쓰도록 한 시조 내외의 위패를 봉안했으며, 1854년에 경기전과 함께 보수해 오늘날의 모습을 갖췄습니다.

이성계와 관련된 문화재가 한 가지 더 있습니다. '천양穿楊'이란 뜻은 버들잎을 화살로 꿰뚫는다는 것으로, 신묘한 활 솜씨로 이름 높았던

조선 태조 이성계의 고사에서 유래한 말입니다. 이 정자는 조선시대에 한량들이 활쏘기 연습을 위해 활터에 세운 것입니다. 천양정은 1712년에 다가천 서쪽 냇가에 세웠으나 얼마 후 홍수로 떠내려 가버렸습니다.

그 뒤 1722년에 다가산 밑에 다가정多佳亭이란 정자를 짓고 활터로 사용했습니다. 1830년에는 이곳에 또 다른 정자를 세우고 옛 이름을 따서 천양정이라고 합니다. 이후 북향인 다가정은 젊은 한량들 전용으로, 아늑한 골짜기에

남향으로 자리잡은 천양정은 주로 어르신들이 사용하게 됩니다. 다가 정·천양의 활쏘기 모임은 군자정의 모임과 함께, 일제식민지 때 강압에 의해 하나로 통폐합되었습니다.

오목대와 이목대도 이성계와 관련된 문화재이지요. 오목대는 고려 우왕 6년(1380년) 운봉 황산에서 왜구를 크게 무찌른 이성계가 개선길에 잠시 머물렀던 곳입니다. 이를 기념하기 위해 대한제국 광무光武 4년(1900년)에 비석을 건립했는데, 태조가 잠시 머물렀던 곳이라는 뜻의 '태조고황제주필유지太祖高皇帝駐蹕遺址'라는 비문은 고종황제가 직접 쓴 친필을 새긴 것입니다.

이목대는 이성계의 5대 할아버지인 목조穆祖 이안사李安社의 출생지라고 전해지는 곳입니다. 전주 이씨들은 이안사 때까지 줄곧 이곳에서 살다가, 함경도로 이사했다고 합니다. 1900년, 이곳이 목조가 살았던 터임을 밝힌 '목조대왕구거유지穆祖大王舊居遺址'라는 고종의 친필을 새긴 비석을 세웠습니다. 이 비각은 당초 오목대의 동쪽 높은 대지 위에 있었는데, 도로 확장공사로 인해 이곳으로 옮겨 세웠습니다.

조선 예종대왕의 태胎를 묻은 석실 또한 문화재입니다. 왕가에서는 아이가 태어나면 그 태를 소중히 석실에 묻었는데, 이를 태실이라 합니다. 원래 완주군 구이면 원덕리 태실 마을 뒷산에 있던 것을 이곳으로 옮겼습니다.

이 태실은 팔각형 돌 난간 안에 기단석을 놓고 그 위에 둥근 돌을 얹은 다음 지붕돌로 덮었습니다. 비석은 태실과 함께 옮긴 것으로, 예종대왕의 태실임을 알리는 글과 비석의 건립 연대를 앞뒷면에 각각 새겼습니다. 건립 연대는 1578년으로, 잘 보존된 거북 모양의 받침돌과 뿔

없는 용의 모습을 새긴 머릿돌이 돋보이는 비석입니다. 이 태실과 비는 왕실에서 태를 처리한 방법을 잘 보여주고 있는 좋은 예가 되고 있습니다.

전주 풍남문

읍성은 지방행정의 중심지가 되는 고을을 둘러쌓았던 성을 말합니다. 옛 전주읍성의 남쪽문으로 1597년 정유재란 때 파괴된 것을 1734년 성곽과 성문을 다시 지으면서 명견루라 불렀습니다. '풍남문'이라는 이름은 1767년 화재로 불탄 것을 관찰사 홍낙인이 1768년 다시 지으면서 붙인 것이랍니다.

순종 때 도시계획으로 성곽과 성문이 철거되면서 풍남문도 많은 손상을 입은 바, 지금 있는 문은 1978년부터 시작된 3년간의 보수공사로 옛 모습을 되찾았으며, 옛 문루건축 연구에 중요한 자료가 되는 문화재입니다.

지붕 처마를 받치기 위해 장식해 구조가 기둥 위에만 있다는 사실을 아시나요. 평면상에서 볼 때 1층 건물 너비에 비해 2층 너비가 갑자기 줄어들어 좁아 보이는 것은 1층 안쪽에 있는 기둥을 그대로 2층까지 올려 모서리기둥으로 사용하였기 때문입니다.

이러한 수법은 우리나라 문루門樓건축에서는 보기 드문 방식입니다. 부재에 사용된 조각 모양과 1층 가운데칸 기둥 위에 용머리를 조각해 놓은 점들은 장식과 기교를 많이 사용한 조선 후기 건축의 특징이라고

풍남문

할 수 있으며, 해태가 2층에서 전주성을 지키고 있지만 들어갈 수 없어
안타깝습니다.

또 다른 문화재로 전주 풍패지관豊沛之館이 있습니다. 객사는 고려·
조선시대에 각 고을에 설치하였던 것으로 관사 또는 객관이라 하며, 고
려 전기부터 있었으며 외국 사신이 방문했을 때 이곳에 묵으면서 연회
도 가졌습니다. 조선시대에는 객사에 위패를 모시고, 초하루와 보름에
궁궐을 향해 예를 올리기도 하였으며 사신의 숙소로도 이용했습니다.
명나라와 통하는 지방에는 우리 사신을 비롯해 명나라에서 오는 사신
도 묵었기 때문에 건물 보수에도 큰 어려움이 있었다고 하며, 국가에

일이 생겼을 때에는 백성과 관아가 같이 의식을 행하기도 했습니다.

전주 풍패지관은 전주서고를 지은 뒤 남은 재료로 1471년에 서의헌을 고쳐 지었다는 기록으로 보아 그 이전에 세웠음을 알 수 있습니다. 풍패지관의 정문은 주관을 앞면으로 하여 내삼문·중삼문·외삼문이 있었으나 원래의 내삼문 안쪽으로 축소되었습니다.

주관 앞면에는 '풍패지관豊沛之館'이라는 액자가 걸려 있는데, 전주가 조선왕조의 발원지라는 뜻을 담고 있습니다. 신주를 모셔두는 방인 감실에는 궐闕자가 새겨진 위패를 모시고 있으며, 국왕에 대하여 예를 행하기도 하였고(망궐례), 조정에서 사신이 오면 이곳에 묵으면서 임금의 명령을 전하기도 했습니다.

전주 풍패지관은 중앙에 주관이 있고 좌우에 동·서 익헌, 맹청, 무신사 등 많은 건물이 있었으나 현재 주관과 서익헌, 동익헌, 수직사만 남아있습니다. 동익헌은 본래 서익헌과 같은 모습이었으나 일제 강점기에 남문에서 북문을 잇는 도로 개설시 동익사 일부가 잘려 나가면서 초석 일부가 남아있던 것을 1999년에 복원했습니다.

전주 전동성당

전주 전동성당은 천주교 신자들을 사형했던 풍남문 밖에 지어진 성당으로, 프랑스 신부인 위돌박이 설계·감독을 하였고 1914년 완성됐습니다. 회색과 붉은색 벽돌을 이용해 지은 건물은 겉모습이 서울의 명동성당과 비슷하며, 초기 천주교 성당 중에서 매우 아름다운 건물로 손꼽

합니다. 비잔틴 양식과 로마네스크 양식을 혼합한 건물로, 국내에서 가장 아름다운 건축물이기도 합니다.

천주교 순교자묘 또한 문화재입니다. 이 묘소는 조선시대의 천주교 순교자 일곱 분이 묻힌 곳으로 치명자산이라고도 부릅니다. 이곳은 유항검이 처형된 전동성당, 유항검의 큰 며느리인 동정녀 이순이가 순교한 숲정이 성당과 함께 우리나라의 대표적 천주교 성지입니다.

순조 원년(1801)의 천주교 탄압 때, 호남의 천주교 사도 유항검과 그의 아내 신희, 동정부부로 유명한 장남 유중철과 며느리 이순이, 차남 유문철, 제수 이육희 그리고 조카 유주성이 순교했습니다. 일곱 순교자들이 처형되자, 교우들이 유항검의 고향 초남리와 인접한 제남리에 이들을 임시로 묻어두었다가, 1914년 4월 19일에 전주 전동성당 보두네 Baudounet 신부와 신자들이 이곳으로 옮겨 모셨습니다.

전동성당을 방문했을 때 빼먹으면 안되는 것이 하나 더 있습니다. 성모동굴 뒤의 사제관이 바로 그것입니다. 1926년에 준공한 이 건물은 좌우대칭을 이루고 있는 가운데 붉은 벽돌로 둘러싸인 창 주변은 '십十'자 꽃담으로 도배를 했습니다.

이는 본당 건립 후 2대 주임 신부였던 라크루시니부가 장차 전주교구가 설정될 경우를 대비하여 건축을 했다고 합니다. 이 건물은 1937년 전주교구청사 및 교구장 숙소로, 1960년 이후부터는 주임 신부와 보좌 신부의 생활 공간으로 각각 사용되고 있습니다.

교육기관 가운데는 문화재에 등록된 공간이 많습니다. 먼저 전주향교입니다. 향교는 유학 교육과 인재 양성을 위해 지방에 설립한 교육기관으로, 고려시대에 세웠다고 하는데 정확한 기록은 없습니다.

전동성당

당시에는 조선 태조의 영정을 모신 경기전(사적 제339호) 근처에 있었으나, 향교에서 들려오는 소리가 시끄럽다하여 전주성 서쪽 황화대 아래로 옮겼다 합니다. 지금 위치는 임진왜란과 정유재란을 겪은 뒤, 관찰사 장만이 옮깁니다.

현재 이 향교에는 여러 훌륭한 분들의 위패를 모신 대성전(전북 유형문화재 제7호)을 비롯해 동무·서무, 계성사, 학생들을 가르치던 곳인 명륜당 등의 여러 건물이 있습니다. 대성전은 1653년 고쳐 세웠는데, 이기발이 중건기를 남겼습니다.

그리고 전주향교 대성전 또한 문화재에 등록된 공간입니다. 대성전은 공자를 모신 사당입니다. 유교를 통치이념으로 삼았던 조선시대에는 향교에 공자를 모신 사당을 두고, 유학을 장려했습니다. 이 대성전은 1653년에 다시 세우고, 1907년에 다시 고쳐 오늘에 이르고 있습니다.

대성전에는 공자의 위패를 가운데 두고, 동·서쪽으로 맹자 등 네 성인, 공자의 제자 열 사람, 주자 등 중국 송나라 때 유학자 여섯 사람을 함께 모셨습니다. 동무·서무에는 신라시대 설총을 비롯, 중국과 우리나라 유학자 분들의 위패를 모시고 있습니다.

매년 봄·가을에는 석전대제釋典大祭를 지내는 것은 공자의 뜻을 기리는 큰 행사입니다. 전주향교에서는 매달 음력 초하루와 보름에 사당에 향불을 피워 올리고 있는 바 이때 방문하면 어떤 행사인지 알게 됩니다.

전주향교가 소장하고 있는 완영 책판完營冊板 또한 문화재입니다. 이완영 책판은 원래 전라감영에서 서적을 간행할 때 사용하였던 것으로 전라감영 내에 보존·관리되고 있었으나 1899년 당시 전라관찰사이었던 조한국의 명으로 전라감영 내에 분산되어 있던 책판을 모아 전주향교에 보존하게 됐습니다. 1920년대에 책고를 지어 관리해 오다가 1987년 전주시에서 장판각을 건립하고 목재로 서가를 만들어 오늘에 이르고 있습니다.

장판각에 소장된 완영책판은 모두 5,059개에 9,830면이 서각되어 있으며, 서각되지 않은 면수는 288면입니다. 이들 목판의 책판 종류는 자치통감강목(1,775개), 동의보감(151개), 주자대전(1,471개), 율곡전서(491개), 성리대전(576개), 증수무원록언해(53개), 사기(484개), 사략(56개), 호남삼강록(1개), 주서백선(1개) 등 19종에 이릅니다.

원래는 1987년에 지어진 전주향교내의 장판각 건물에 목재의 서가를 설치하여 보존하고 있었으나 현재 전북대박물관 수장고에 보존·관리되고 있습니다. 재질은 자작나무과에 속하는 목재로 구성됐습니다.

전주 신흥고등학교 강당과 본관 포치도 문화재입니다. 전주 신흥고등학교는 미국 남장로교 선교사 레이놀즈 목사가 건립한 근대 교육 시설로 호남과 제주도 지역 기독교 선교에 크게 공헌했습니다. 강당은 장방형 평면으로 박공면에 아치 3개가 연속된 출입구가 있으며, 내부 공간은 2층으로 구성되어 있습니다. 1층은 소예배실과 실험 실습실로, 2층은 대예배실로 사용하고 있습니다. 1982년 화재로 소실된 본관 건물은 가운데 정면 포치만 남아 있지만 이 지역 선교 역사를 간직한 건축물로 평가받고 있습니다.

전주부지도

전주부지도는 전주부성 안을 중심으로 전주부 내의 전역을 그린 대형지도로서 4폭의 병풍식으로 되어 있습니다. 지도에는 성의 표시와 성문 그리고 관아의 배치·향교·서원·수목 등이 그려져 있고, 성 밖은 산천의 지형을 옛날 방식으로 그렸으며 각 면의 이름을 써 붙였습니다. 지도의 귀퉁이에는 전주부의 사방거리와 이웃 고을로부터의 거리를 표시하고 있고, 전주부내 4면의 원호元戶 3,783호, 전주부 외 각 면의 원호 12,215호 등 31개 면에 원호 15,998호를 정확하게 밝혀두고 있어 다른 지도와 차원을 달리합니다.

승암사 소장 불서佛書 또한 문화재입니다. 승암사는 신라 헌강왕 때 도선道詵이 창건한 고찰로 조선시대에는 대표적인 불서를 간행합니다. 근세에는 해안, 만응 대종사들이 주석하면서 한벽선원, 승암강원 등을 개설해 이 지역 불교계의 학풍을 크게 진작시켰지요. 이곳에 소장되어 있는『묘법연화경』등 3권의 불서는 부처가 세상에 나타난 근본의 뜻을 밝힌 경전으로, 1443년에 효령대군 등 많은 왕실의 종친들이 세종대왕의 장수와 태종대왕의 극락왕생을 빌기 위하여 간행했습니다. 현존하는 판본이 매우 드물어 자료적 가치가 큽니다.

국립전주박물관이 소장하고 있는 완산부지도 또한 문화재입니다. 이는 조선 태조의 관향인 풍패지향이며 전라도 감영의 소재지였던 전주부를 10폭 병풍으로 제작한 지도입니다. 제작연대는 비록 19세기 후반으로 내려오지만 '전주'를 제대로 보여줄 수 있는 대표적인 회화식 지도라는 점에서 국가지정문화재로서의 가치가 큽니다.

제1폭에는 전주부의 건치연혁을 비롯, 산천, 풍속 등 전주부의 지리를 지리지 형식으로 담고 있으며, 제2~8폭에는 전주부 일대를 회화식으로 그렸습니다. 제2폭을 남쪽, 제8폭을 북쪽으로 배치한 게 가장 큰 특징입니다. 이같은 방위 배치는 전주부 지리의 구성을 병풍식 회화로 재현하기 위한 것으로 보입니다. 그려낸 기량이 뛰어나 중앙으로부터 파견된 화사의 숙달된 솜씨로 추정됩니다.

한벽당

승암산 기슭 절벽을 깎아 세운 이 한벽당은 조선 건국에 큰 공을 세운 최담崔澹이 태종 1404년에 별장으로 지은 건물입니다. 누각 아래로 사시사철 맑은 물이 흐르는데, 바위에 부딪쳐 흰 옥처럼 흩어지는 물이 시리도록 차다 하여 한벽당이란 이름을 붙였습니다. 호남의 명승 한벽당에는 시인 묵객들이 쉴 새 없이 찾아와 시를 읊고 풍류를 즐겼으며, 길 가던 나그네들도 이곳에서 쉬어가곤 했습니다. 주변과 조화를 이룬 단아한 모습과 탁 트인 시야로 시민들의 발걸음을 멈추게 만듭니다.

그리고 전 낙수정樂壽亭 동종 또한 문화재입니다. 이 범종은 일본인 다까하라 히미꼬 여사가 선대로부터 물려받아 소장해 오던 중 1999년 11월 국립문화재연구소를 통해 기증·반환한 것으로, 종을 매다는 용뉴 부분의 훼손이 있기는 하지만 거의 완전한 형태를 갖추고 있습니다.

종에 새겨진 기록이 없어 종의 제작 년대를 정확히 알 수는 없지만, 그 형태와 문양 및 성분비율 등을 살펴볼 때 통일신라시대 양식을 계승

하여 고려 초에 제작된 범종으로 생각됩니다.

종의 약간 아래쪽 2곳에 배치되어 있는 당좌는 종을 치는 부분으로, 이중원의 테를 두르고 그 안에 덩굴무늬를 장식했습니다. 당좌를 중심으로 대칭을 이루며 배치된 4개의 비천상은 구름 위에 꿇어앉고 두 손을 모아 합장한 형태를 하고 있습니다. 이 비천상은 다른 문양들보다 도드라지게 조각되어 있어 있음을 알 수 있게 하는 대목입니다.

전주 남고산성은 전주 남쪽에 있는 고덕산과 천경대, 만경대, 억경대로 불리는 봉우리를 둘러 쌓은 산성입니다. 남동쪽으로는 남원·고창으로 통하는 교통상의 중요한 곳을 지키고, 북쪽으로는 전주를 내려다보는 자리에 위치하고 있습니다.

후백제를 세운 견훤이 이곳에 고덕산성을 쌓았다는 이야기가 전해오며, 1813년(순조 13년)에 성을 고쳐 쌓고 남고산성이라 했습니다. 이 성은 유래가 매우 오래된 것으로 알려져 있는데, 『세종실록지리지』와 『동국여지승람』에도 기록이 보입니다.

순조 13년 보수공사가 있을 당시엔, 성 안에는 4군데의 연못과 25개의 우물과 민가 100여 채가 있었다고 합니다. 성문은 동·서에 있었으며 각기 3칸, 6칸 규모의 누각형 문이 있었다고 합니다. 서쪽에 비밀문이 하나 있었으며 동·서·남·북에 각각 하나씩 포루가, 지휘소인 장대는 남·북에 각각 설치됐습니다.

하지만 지금은 성벽이 많이 허물어졌고 '남고진사적비'가 산성의 내력을 말해주고 있으며, '남고사'란 절이 자리하고 있습니다. 순천 낙안읍성, 부산 금정산성 등 타 지역의 산성들처럼 문화관광자원화가 요원하기만 한가요.

남고사지

남고사지는 신라 문무왕 8년(668년)에 명덕明德 스님이 세웠다고 하는 남고연국사南固燕國寺가 있던 자리입니다. '연국燕國'은 나라를 편안하게 한다는 뜻으로, 산성 지역에 자리잡은 절에 많이 사용되던 명칭입니다. 조선 후기부터는 남고사로 불리면서 이 절의 승려들이 남고산성을 지키는데 한 몫을 담당했습니다.

옛 남고사 터는 현재의 남고사 대웅전 서쪽 전방의 건물이 있는 곳입니다. 현재 남고사 건물은 약 100여 년 전에 건립된 것으로 추정되며, 1979년에 대웅전 등을 다시 지어 지금의 절 모습을 갖추었습니다.

전라감영지 또한 문화재입니다. 전라감영은 지금의 전라북도와 전라남도 그리고 제주도 등을 모두 관할하였으며, 감사가 총책임자였습니다. 조선초기에 지은 전라감영은 정문인 포정문布政門, 감사 집무실인 선화당宣化堂, 감사의 주거 공간인 연신당燕申堂 등 모두 40여 채의 건물을 거느린 웅장한 규모였습니다.

그러나 대부분의 건물이 근대화 과정에서 사라지거나, 사고로 인해 불타버렸습니다. 조선시대 전라도 행정의 중심지로서 뿐만 아니라, 1894년 동학농민혁명 당시 농민군 자치 기구인 집강소의 총본부 대도소大都所가 설치된 선화당이 있던 자리로서 역사적 의미가 매우 큰 곳으로 복원 공사가 진행되고 있습니다.

효자로 유명한 백낙중白樂中이 살던 학인당은 고종 황제가 그의 효행을 높이 사서 승훈랑 이란 벼슬을 내렸습니다. 백낙중이 죽은 후 그 효심을 널리 알리기 위해, 그의 호 인재忍齋에서 '인忍' 자를 따서 집 이름을 학인당이라 했습니다. 솟을대문에 백낙중이 효자임을 표창하는 현판을 걸어 놓았습니다. 학인당은 한말 건축 기술을 계승한 전통 양식의 건물인데, 조선왕조 붕괴 후 궁중건축양식이 상류층 가옥에 도입된 전형적인 예를 보이는 한옥마을 대표 문화재입니다.

관성묘關聖廟

관성묘는 『삼국지』로 우리에게 낯익은 관우 장군을 무신武神으로 받들어 제사 지내는 곳으로, '주왕묘周王廟' 또는 '관제묘關帝廟'라고도 부릅니다. 우리나라에서 관우를 신봉하는 신당이 널리 전파된 것은, 임진왜란 때 명나라 장군 진인이 서울의 남묘에 관우를 조각한 신상을 안치한 데서 비롯됩니다.

전주 관성묘는 1895년 전라도 관찰사 김성근과 남고산성을 책임지던 무관 이신문이 제안해 각 지역 유지의 도움을 받아 건립했습니다. 사당 안에는 관우의 상이 있고, 그 양쪽 벽에는 『삼국지연의』의 내용을 그린 벽화가 있습니다. 관우의 신성을 믿는 사람들은 매년 초 이곳을 찾아 한 해의 행운을 점치기도 합니다.

화산서원비 또한 문화재로 지정됐습니다. 이 비석은 예전에 이곳에 자리 잡았던 화산서원에 있었습니다. 화산서원은 1578년에 건립해 이언적과 송인수의 위패를 모시고 제사 지내던 곳입니다. 이언적은 전주 부윤으로 부임하여 도덕과 예절로 백성의 교화에 힘썼고, 송인수는 전라 감사로서 청렴한 정치를 펼쳐, 각각 이 지역과 인연이 깊었습니다.

화산서원은 1658년에 나라에서 이름을 지어주고 후원하는 사액서원으로 선정되기도 했지만 1868년 서원철폐령에 따라 헐렸습니다. 지금은 송시열이 비문을 짓고 송준길이 글씨를 쓴 이 비석만 남아, 이곳이 예전에 선비들이 글을 읽던 학문의 전당임을 전해주고 있을 뿐입니다.

상가건물 중에서도 문화재에 등록된 공간이 2곳이 있습니다. 먼저 전주 중앙동 구 박다옥博多屋, 이 건물은 일제강점기에 일본인 상업지역에 들어선 우동집으로, 전주에서는 처음으로 생긴 대형 일식집이었습니다. 건물 오른쪽으로 치우쳐 주출입구와 계단실을 설치했고, 주 출입구 상부의 외벽에는 타일과 인조석을 교대로 사용했으며, 상부는 삼각형의 페디먼트pediment로 장식했습니다.

그리고 전주 다가동 구 중국인 포목상점은 전주 전동성당 건축에 참여했던 중국인 벽돌공들이 지은 상가 건물로, 이곳에서는 상인들이 비단을 팔았습니다. 외관상으로 보면 상점 2개가 연속된 형태로 각각의 상점 출입구 상부에는 형태가 같은 작은 삼각형 박공을 두어 정면성을 강조하는 등 중국 상하이의 전통적인 비단상점 형태를 따라 지었습니다.

전주전통문화연수원 전주동헌과 장현식 고택

  고즈넉한 한옥의 향취, 천년을 고스란히 이어온 한지, 판소리의 은은한 멋과 전주 음식의 풍요로움, 골목마다 느껴지는 사람들의 따스한 온기… 우리 문화의 맥박과 그 전통이 오롯이 배어 있는 전주 한옥마을 바로 그곳엔 전주전통문화연수원이 든든한 버팀목이 되고 있습니다.

  옛 전주 관아인 유서 깊은 고택, 넓은 마당으로 이루어진 연수원은 한국인이라면 반드시 알아야 할 우리 문화와 사상을 함께 나눌 수 있으며, 올곧게 이어온 선조들의 모듬살이 등 전통의 다양한 면모를 생생하게 체험할 수 있습니다.

  옛 것과 새 것이 아름답게 어우러져 조화를 모색하고 있는 가운데 우리 문화의 고운 결을 되살리고, 역사와 문화정신을 되새기며 현재의 삶과 미래의 꿈을 함께 나눌 수 있는 열린 공간이 여러분들의 발길을 애타게 기다리고 있습니다.

　이곳은 다양한 프로그램을 운영하고 있는 바, 첫째 성리학, 실학, 유학, 고전사항 등에 대한 교육, 둘째 사상견례, 향음주례, 향사례, 격구, 자녀교육법 등에 대한 연수, 그리고 판소리, 완판본, 합죽선 및 한지 등 만들기, 전통놀이, 다도, 비빔밥 등에 대한 체험 프로그램 등을 운영해 오고 있습니다.

　2011년 4월 14일부터 운영되고 있는 전주전통문화연수원은 연수 공간으로 사용하고 있는 전주 동헌과 연수 진행 때 사용하고 있는 일송 장현식 고택, 임실 진참봉 고택과 정읍 고택으로 이루어져 있습니다.

　전주 동헌 풍락헌은 1891년 중창된 건물로 일제에 의해 민간에 매각되었다가 2007년 지금의 자리에 탕자처럼 길을 헤매다가 돌아왔으며 전주시에 기증됐습니다.

　장현식 고택은 독립운동가이자 사업가이며 정치가인 일송 장현식이 1932년 김제시 금구면 장신리 서도마을에 건축한 전통 한옥으로 이 역시 그 후손이 전주시에 내놓아 안채와 중간채로 사용하고 있습니다.

　한옥마을의 김제 금구 인동장씨 이축 가옥 역시 서도마을에서 그대로 옮겨왔습니다. 서도 장씨로 알려진 인동장씨 집안은 대대로 가장이 단명해 집안의 부인네들이 살림을 도맡아 하면서 가문의 명성을 이어왔지요. 이같은 이유로 후대에 내려오면서 '장씨의 살림은 치마 입은 살림'이라는 말로 전해오고 있습니다.

　임실 진참봉 고택은 임실군 임실읍 성가리에 소재한 사랑채를 옮겨온 것으로, 철거 예정이던 건축물을 전주시가 온전하게 그대로 되살려냈으며, 별채로 쓰고 있는 정읍 고택은 내장산 국립공원 내에 있던 건물을 이곳으로 옮겨 놓은 것으로, 남쪽지방에서는 보기 드문 ㅁ자형 한옥입니다.

조선시대 전주부 동헌東軒 되돌아오다

전주 동헌인 풍락헌豊樂軒은 음순당飮醇堂으로도 불렸으며, 조선시대 전주부윤의 업무공간으로 지금의 전주시청에 대응됩니다. 조선시대 지방관청으로 관찰사, 병사兵使, 수사水使, 수령守令들이 지방행정과 송사訟事를 다루던 장소로, 지방관의 생활 처소인 내아內衙와 구분되어 보통 그 동편에 위치했기 때문에 동헌東軒입니다.

군현의 크기와 시대에 따라 건축 양식이 조금씩 다르기도 했습니다. 조선 후기 건물인 경우 일반적으로 3, 4층의 석축 위에 정면 6, 7칸, 측면 4칸의 목조 주심포柱心包 구조에 팔작지붕의 장중한 구조를 갖추고 있습니다.

동헌은 객사客舍·향교와 함께 지방 관아의 핵심 건물로 중요한 의의를 가지고 있으나 일제강점기 이후 대부분 훼철되거나 소실되어 현존하는 건물은 매우 드뭅니다.

현재 남아 있는 동헌 건물로는 강원도감영 청사였던 원주의 선화당宣化堂, 김제 군아인 사칠헌事七軒, 충주목 아사인 청녕헌淸寧軒, 울산도호부 동헌이었던 일학헌一鶴軒 등이 대표적이며, 이밖에 동래·직산·태인·과천의 동헌 청사도 다소 개축되었거나 변모된 형태로 남아 있습니다.

전주 동헌은 관찰사, 부윤, 판관의 집무실이라고 다양하게 일컬어지고 있습니다. 전주부윤의 자리는 관찰사가 겸임한 때가 많았고, 관찰사가 겸임할 때는 대부분 중앙에서 나온 판관이 전주부를 통치했던 연유에서 기인한 명칭들입니다. 그러나 원래 전주 동헌은 전주부윤의 집무실이고, 선화당은 전라도 관찰사의 집무실입니다.

전주부 동헌東軒은 어디에 있었나

조선시대 전주부를 관할하는 관청은 현 전주우체국 사거리의 동남쪽 영역에 위치하고, 전라감영의 다음 관아라 하여 이아貳衙라고도 했습니다. 그 중심 건물이 바로 전주판관의 집무처인 동헌東軒으로 현 중소기업은행 자리에 위치했었습니다.

전라감영의 복원 문제와 연관 지어볼 때 구 도청사 부지 내의 건물은 아니지만, 전라감영과 함께 전라도의 으뜸도시 즉, 수부首府인 전주의 역사와 문화의 전통을 증명하는 유일한 역사적 건축물입니다.

전주부 동헌은 조선시대 전라감영과 함께 별도로 구성된 전주부영의 대표 건물로, 전라감영 및 전주부영 건물 가운데 유일하고 현존하고 있으며 1891년 전주판관 민치준이 중창했습니다. 조선 초에 건립된 후 1891년에 중건되었으나, 일제강점기 일제가 조선말살정책을 펴면서 1934년 민간에 매각됩니다.

전주부영이 자리했던 곳은 구 전주우체국 사거리, 구 전라회관 사거리, 동부화재 전주지사의 4곳을 연결한 부지 내에 있었다고 합니다. 하지만 전주부영이 도로개설계획에 의해 1907년부터 1937년까지 공사가 진행되면서 완전히 모습을 잃게 됩니다.

　전주부윤이 집무하던 풍락헌은 전주군 군청으로 사용되었지만 1935년 전주부로 승격되면서 전차를 운영해 보겠다는 뜻에서 대로를 개설, 1934년 4월에 헐리게 됩니다. 풍락헌의 외삼문은 구 상업은행 전주지점 남쪽 도로에 있었고, 내삼문은 전북예술회관 부근으로 추정된다고 고 유장우 씨가 말했었지요.

　그리고 풍락헌 서편에 자리하고 있던 기녀정妓女亭, 내아, 득월당은 1934년 전주군청과 조식산은행을 건축하면서 헐리게 됩니다. 현 동부화재 전주지점 자리에는 관노청, 금란청이 있었으며, 구 상업은행 전주지점 자리에는 교방敎坊이 있었습니다. 부영의 수성창, 용마고, 남창, 대동고 자리는 대성사무기, 정광사, 명문당, 서울은행 남전주지점, 성심꽃집 등이 자리하고 있습니다.

　팔달로라 불리는 최초의 도로를 만들며 전차를 가져오려고 했던 뜻은 성공하지 못했는데요, 여러분들의 생각은 어떤지 궁금합니다. 이 도로는 훗날 제9대 박정근 전북도지사가 지금의 팔달로를 계획하게 했지만 그 당시 많은 사람들이 그렇게 큰 도로를 만들어 어떻게 하려느냐는 핀잔을 들었다고 합니다.

　이같은 내용을 잘 알지 못하는 사람들은 앞선 수령과 방백, 전라감사, 전부주윤, 전북도지사, 전주시장 등의 무계획적인 도시계획을 곧잘 말하곤 하지만 그렇지 않은 사람들도 있답니다. 외길로 빠졌지만, 재불 사학자 고 박병선은 전주 사람으로 박정근 전 도지사의 2남3녀 중 셋째 딸입니다.

　한국 여성으로 프랑스 유학생 '1호'로, 프랑스 국립도서관 사서로 근무하며 그곳에 보관된 '직지심체요결'이 인류사상 가장 오래된 금속활자 책임을 세계에 알렸고 역시 프랑스 국립도서관 베르사이유 별관 창고에서 폐기 위기에 놓인 조선왕실 '외규장각 의궤'를 발견, 모국 송환에 평생을 바쳤는데요, 그가 전주 출신이라는 사실을 아는 이가 거의 없더군요. 한옥마을로 연결되는 팔달로, 여기를 중심으로 한 지난 이야기가 전주의 최근대사가 아닐런지요.

당시 동헌을 구입한 전주류씨는 이를 완주군 구이면 덕천리로 옮겨 문중의 제각으로 사용했습니다. 동헌의 상징성과 역사성을 되살리기 위하여 당시 송하진 전주시장의 노력으로 소유주인 류인수 씨가 제각 건물을 전주시에 쾌척함으로써 한옥마을로 옮겨졌습니다. 동헌이 전주를 떠난 지 80여 년 만의 귀환입니다.

역사	내용
창건	언제 창건되었는지 확실치 않으나 전주판관 설치 당시 창건된 것으로 추정
1758년(영조 34년)	전주판관 서노수가 다시 세움
1891년(고종 28년)	1890년 화재로 소실. 그 이듬해 전주판관 민치준이 중창
1895년	행정구역 개편으로 전주부를 폐하고 전주군이 설치돼 전주군청서로 사용
1934년	전주군청을 새로 신축하기 위해 4월에 철거 매각
1935년	전북 완주군 구이면 덕천리(구 태실리)로 이축, 전주류씨 제각으로 사용
2008.3.31	전주향교 옆 전통 한옥 건립 부지에서 송하진 전주시장, 서승 전주문화원장, 기부자 류인수 씨 기자회견 및 기부증서 전달
2011.4.14	전주전통문화연수원 안채와 중간채로 사용

전주부 동헌 건립 연표

처음에는 정면 7칸 측면 4칸의 28칸 팔작한옥이었던 동헌은 옮기는 과정에서 정면 한 칸이 소실되는 아픔을 겪었으나, 2009년 현 위치에 28칸으로 원형복원돼 이축됩니다.

전주유씨 제각으로 쓰인 동헌을 해체하는 과정에서 나온 상량문에는 "감독監督 이근택李根澤, 도편수都片手 김장[렬]金莊烈, 절목편수切木片手 설인범薛仁几 세재歲在 [을]해[乙]亥 4월 29일"이라 쓰여 있어 1935년 4월에 상량하였음을 알 수 있습니다.

즉, 동헌은 1934년 4월에 철거된 뒤 1년 만인 1935년 4월에 구이에 전주류씨 제각으로 이축 되었으며, 풍낙헌 건립 당시의 상량문은 아쉽게도 나오지 않았습니다. 또, 전주류씨 제각으로 이축되면서 동헌의 형태가 7칸에서 6칸으로 축소되었고, 내부공간 역시 제실의 용도에 맞도록 개조된 것으로 판단됩니다.

동헌은 120여 년 된 옛 건축물로 당당한 위용을 자랑하고 있고, 현판인 풍락헌豐樂軒은 '조선왕조의 발상지 풍패지향 전주豐를 안락樂하게 하는 집軒'이라는 의미를 갖고 있습니다.

'물건이 풍족하고 백성이 안락함'을 의미하는 풍락豐樂이란 표현과 집이라는 의미인 헌軒이 연결된 것으로 전주부全州府를 통치하는 이곳을 통해 전주지역이 풍요롭고 백성이 편안해지라는 의미를 나타내고 있습니다.

또한, 전주가 조선왕조의 발상지로서 이를 상징하는 풍패지향豐沛之鄉이란 명칭에 대응하여 전주부를 통치하는 공간인 전주 부영의 대표 건물 명칭으로 명명한 것입니다. 즉, 풍패의 땅을 즐겁게 하는 곳이란 의미로도 새길 수 있습니다.

또 다른 이름인 음순당飮醇堂은 "임금의 덕이 마치 가장 순수한 술을 마신 것처럼 모르는 사이에 취했다가 깨는 것처럼 임금이 누구인지도 모르는 평화로운 세상을 만들어가자"는 뜻을 지니고 있습니다.

음순당이란 편액은 1901년辛丑 당시 전주군수였던 취송醉醒 이삼응李參應이 제작한 것으로 글씨는 조주승趙周昇이 썼습니다. 한마디로 "잘익은 술을 마시는 곳"이란 의미로 전주의 풍류문화를 상징적으로 표현한 것으로 보입니다.

독립운동가 장현식 선생과 고택

일송 장현식은 한그루 소나무 같은 의인으로 김제 금구 출신입니다. 당대 만석을 누렸던 부호중의 부호였습니다. 그러나 일송은 부호로서보다 독립운동가요 사회사업가와 정치가로서 명성을 떨친 인물입니다. 민족혼을 일깨우기 위해 일생을 바친 민족의 지도자였으며 파란만장한 이 나라의 근대사와 함께 운명을 같이한 애국지사입니다.

1919년 4월 독립운동 비밀결사 대동단大同團이 창단되자 군영자금을 제공했고, 대동신문 재정운영을 맡다 체포되어 1921년 징역 3년을 언도받고 투옥되어 고초를 겪습니다. 이후 선생은 교육사업에 적극 뛰어들어 민족사학 재단법인 중앙학원을 설립했고, 고려대 설립 당시 본관 2층 8칸 교실을 도맡아 지었으며 동아일보 창간 때는 인쇄기 구입비를 기부하기도 했습니다.

민족어 보존을 위한 조선어사전 편찬사업에 당시로써는 거금인

3,000원을 제공, 이로 인해 이른바 '조선어학회 사건'에 연루되어 정인승, 이극로, 최현배, 이희승 등과 함께 투옥되어 고초를 겪었습니다. 상해 임시정부 시절에 독립운동자금 수만원을 아낌없이 기부해 조국의 독립을 지원했으며 이외에 당대 예술가나 명명가들에게도 후원하여 노블레스 오블리주를 실천했습니다.

　해방 후 전라북도 2대 도지사를 역임하기도 한 선생은 동족상잔의 비극인 6.25 한국전쟁이 발발한 1950년 6월 28일, 서울 명륜동 자택에서 납북돼 그해 10월 24일 평양에서 지병으로 사망했다고 합니다. 선생의 유해는 평양의 재북 인사릉에 인장되어 있으며 정부는 1990년 건국훈장 애국장을 추서했습니다.

　항일독립운동과 교육사업에 일생을 바친 애국투사 일송 장현식 선생, 흠결 없는 의인으로 숭앙함이 마땅합니다.

장현식 가옥

의로운 뜻을 품은 장현식 고택

가을 기운이 완연한 전북 김제시 금구면 서도리 서계마을. 들판에 피어 있는 호박꽃하며, 가는 계절이 못내 아쉬운 듯 목청껏 울어대는 매미들의 지저귐 소리 요란합니다. 이곳 서도리는 30여 가구가 각각 독립된 가옥이면서도 담장 중간에 중문을 설치, 서로 연결되어있습니다.

한 집에 들어가면 중문을 통해 다른 집으로 쉽게 건너갈 수 있는 구조를 갖고 있습니다. 부분과 전체가 유기적으로 연결되는 구조는 효율적이면서도 경제적 분배 장치가 크게 작용하였음은 물론입니다.

1894년 동학농민혁명 때에 장씨들이 거의 피해를 입지 않은 이유도 평상시의 적선도 적선이었지만, '종을 함부로 대하지 말라', '없는 사람 천대 말라'는 장씨들의 처신 때문이었다고 합니다. 그렇습니다. 서도리는 동학의 최초 집회지인 김제의 원평읍과 불과 십 리 정도밖에 안되는 거리로, 태풍의 한가운데 있었음에도 온전했습니다.

6.25때도 마찬가지. 모악산에 아지트를 두고 있던 빨치산들이 금구 읍내의 면사무소, 농협조합, 우체국 등을 모두 불 지르면서도 불과 1㎞ 옆에 위치하고 있었던 서도리의 장씨 집들은 전혀 손대지 않았습니다.

선생의 후손인 장남 장홍 씨가 2007년 조상으로부터 물려받은 김제시 금구면 전통한옥 일체를 기부했으며, 전주시는 이를 한옥마을로 이축, 2009년 12월 새로 단장하기에 이르렀습니다.

장현식 선생의 고택은 1930년대 전통방식으로 건축한 한옥으로, 근대 한옥의 변화를 볼 수 있는 의미 있는 건축물입니다. 목재가공의 수준이 아주 정교해 전통한옥으로서 건축적인 가치가 매우 높은 것으로 평가받고 있습니다. 특히 미닫이문으로도 활용할 수 있게 고안된 안채의 퇴창문은 보는 재미뿐만 아니라 한옥 대목수의 지혜를 느낄 수 있는 보기 드문 사례입니다.

2004년 9월 22일 전민일보에 그동안 조사한 이 집의 사연을 고스란히 소개했습니다.

당시 조사한 바에 의하면 북한이 안재홍, 송호성, 김상덕 선생 등 재북인사 62명의 유골을 이장해 평양시 인근에 새롭게 조성한 '재북인사들의 묘'가 국내 언론에 의해 처음으로 공식 확인됐습니다. 특히 반민특위 초대 위원장을 지낸 김상덕 선생 등 39명은 처음 공개된 인사들로 그동안 소재를 둘러싸고 추측이 무성했었습니다.

뉴시스의 기사에 따르면 월간 〈민족21〉은 지난 5월호에서 6.25 당시 납북한 인사 중 사망한 이들의 묘가 조성된 평양시 룡성구역 룡궁1동 소재 묘역 방문기를 싣고 재북인사 62명의 명단을 공개했습니다.

'재북인사'는 납북인사의 북한식 표현입니다. 안치된 재북인사 명단 가운데 전북출신으로 백관수(초대 의원, 법제사법위원장), 신석빈(2대 의원, 전라북도청 내무국장), 신성균(초대 의원.한독당 전라북도 도당위원장), 장현식(제2대 전북도지사, 조국광복회 회원)씨 등 명망 있는 인사들의 안치 사실을 확인했습니다.

일찍이 여관과 호텔이 없었던 조선시대에 남원의 호음실의 박씨 집과 서도리의 인동장씨집은 여행객들이 부담 없이 여장을 풀고 쉬어 갈 수 있을만한 만석꾼 부잣집들이었다는 조용헌 교수의 설명입니다. 실제로, 서도리는 정읍에서 삼례로 올라가는 호남대로의 바로 옆에 붙어 있어서 교통도 편리한 지점이었습니다.

거의 사흘마다 소 한 마리씩 잡아서 과객 접대에 힘썼다고 합니다. 심지어는 과객들 사이에서 '노잣돈 떨어지면 서도 장씨 집에 간다.'는 말이 유행할 정도였다고 합니다. 서도리의 장씨들이 부를 축적하기 시작한 시기는 통정대부를 지냈던 행재 장석보의 네 아들 때부터입니다. 네 아들이 재산을 모은 방법이 독특했습니다. 매년 농사를 지을 때 로테이션으로 한 집씩 집중하는 방식을 택했습니다.

이런 식으로 노동력과 자원을 효율적으로 집중한 결과, 자본 축적에 가속도가 붙어 재산이 급증하기 시작했습니다. 그 신뢰의 밑바탕에는 어머니인 남양 홍씨의 가르침이 크게 작용했다고 합니다. 드디어 1900년을 전후로 서도리의 장씨들은 모두 부자가 됐습니다.

그러나 일제 치하로 들어가자 장씨들의 재산은 문중이라는 울타리를 넘어서 사회로 환원되기 시작했습니다. 행재공의 종손이면서 만석꾼이었던 장현식의 재산은 토지개혁 등 여러 가지 이유로 인해 거의 사라졌습니다.

장씨의 둘째 아들 장호 씨는 "아버지가 독립운동 자금으로 5천 원을 준 장면이 지금도 생생하다"며 "일제 강점기 목숨을 바쳐 독립운동을 펼쳤던 독립지사들의 후손들이 사회적 무관심과 냉대 속에서 사회의 비주류로 남겨진 채 힘겨운 삶을 살아가고 있는 것이 오늘의 현실이다."고 일침을 놓았습니다.

한옥마을에서 이 고택의 의미는 일제하 독립투사로 평생을 바친 장현식 선생의 항일구국의 원천이자 나눔과 섬김의 정신으로 대동세상을 실현하였던 의로운 기상이 담긴 곳, 고난의 연대에 나라와 민족을 위해 기꺼이 희생한 장씨 가문의 파란만장한 역사가 함께하고 있기에 특별

함이 더합니다.

　장현식 고택은 모과나무와 돌확도 함께 안채와 중간채를 옮겨왔는데요, 사랑채 담장가로 오래된 모과나무를, 사랑채 앞마당엔 한 그루의 소나무와 아마도 대한민국에서 현존하는 가장 큰 돌확이 놓여있습니다. 일송—松 장현식 선생의 호를 생각하며 소나무를 심은 바, 대한민국의 독립을 위해 천년두고 흐르고 있는 해란강을 건넜다던 '선구자의 노래'에 나오는 바로 그 일송이구려. 시시각각 전주천 푸른 물빛에 솔그림자가 드리워지고 있습니다. 솔아 솔아 푸르른 솔아 꺾일지언정, 굽히지는 말아다오.

임실 진참봉 고택과 정읍 고택

　장현식 고택 앞 사랑채 건물은 임실군 임실읍 성가리에 소재한 진참봉댁 고택 사랑채를 옮겨온 것으로 정확한 건축 연도는 알 수 없습니다. 180여 년 된 것으로 추정되는 이 집은 임실의 만석꾼지기의 집으로, 원래의 사랑채는 고 삼성 이병철 회장이 매입해 용인민속촌으로 옮겨졌으며, 안채는 역시 용인민속촌 조성 시 매각되어

임실 진참봉 고택

이축되었는데, 김봉순 씨가 매수해 사랑채로 꾸며 생활해 오던 중 임실
군 도시계획에 의한 도로개설사업 당시 철거 예정이던 건축물을 전주
시가 온전하게 인수해 지금의 자리에 있게 됐습니다.

이곳에는 목화솜 이불이 먼 옛날의 청홍靑紅 색감을 띄고 있으며, 부
의 상징인 노리개를 달고 또 청결을 위한 홑청이 끼워져 있습니다. 정읍
고택은 보천교를 창시한 월곡 차경석이 정읍 대흥리에
세운 50여 채의 보천교 본당 부속 건물의 하
나로 전해집니다. 1936년 보천교가
해체된 뒤, 정읍 지역의
유지가 사들여

정읍시 장명동으로 이축한 것을 1988년 박성기 씨가 내장산으로 다시 옮겨 사용했습니다.

자연공원법의 제정으로 국립공원 내에 위치한 고택의 유지 보수가 용이하지 않아 점차 폐가로 쇠락해 가는 것을 안타깝게 여긴 소유자 박중조 씨가 2010년 전주시에 기증함으로써 2011년 6월 이전 복원해 전주전통문화연수원에서 활용하고 있습니다.

특히 ㅁ자 건물의 정읍 고택은 보온 효과를 높이고 바람을 막으려는 북부지방의 한옥 양식으로, 중부지방 이남에서는 보기 드문 건축물이랍니다. 요즘은 인근의 전주향교, 전주한벽문화관, 그리고 문화재청 국립무형유산원과 연계되면서 한옥마을의 또 다른 성장축을 형성하고 있습니다, 전통문화연수원에 가장 한국적인 도시 전주의 숨결이 쌍샘의 물줄기처럼 흐르고 있습니다.

옛 BYC공장에 피어난
교동아트센터

전주의 상징 미원탑

　팔달로는 전주를 상징하는 길입니다. 60년대부터 전주의 주 간선로 역할을 하며 전주의 근대 역사를 함께했습니다. 전주천에서부터 풍남문과 미원탑 사거리, 전주역전 오거리, 서중학교 앞 로터리, 터미널 사거리, 전북대학교 앞, 덕진역 광장, 팔복동 공단까지 팔달로는 전주 시내를 꿰뚫는 교통의 중추였습니다. 이곳의 미원탑은 전주사람이면 누구나 다 기억하는 전주의 명물이요, 랜드마크 같은 탑이었습니다.

　3층 건물 높이로 현 기업은행 전주지점 네거리에 자리한 미원탑은 1967년 4월 23일부터 1979년 6월 26일까지 존재하면서 친구나 연인과의 만남의 장소로 인기 절정을 달렸습니다. 약속 장소로 '몇 시에 미원탑 앞에서 만나.' 이 말 한마디면 만남이 어긋나는 일이 거의 없었습니다.

지금은 흔하디 흔한 네온싸인 불빛이 시내 어디를 가도 휘황찬란하지만 그 당시만 해도 오색 찬란한 네온싸인은 조미료 '미원'을 선전하는 미원탑이 전부였습니다. 시골 사람들은 미원탑 네온싸인을 보고 넋을 다 잃을 정도였다니, 지금 생각하면 참 우스운 일입니다.

당시에는 특정 업체만을 보아주는 선전탑이라고 해서 시비가 종종 붙었지만 우리 고장을 대표하는 기업이라고 해서 푸념 정도는 이내 사라지고 말았습니다. 1980년대 들어 교통에 방해된다며 철거되는 운명을 맞았지만, 향토기업 미원에 쏟는 지역민들의 애정은 각별했습니다. 전주시가 기업우대 분위기 확산을 위해 주요 기업들을 대상으로 '미원탑식式', '1사 1랜드마크' 운동을 타진하고 있습니다.

전주시는 기업을 상대로 참여의사를 타진해 '미원탑' 같은 광고탑을 비롯해 상징물, 벤치·소공원 등 기업이 원하는 형식으로 랜드마크 사업을 지원키로 했습니다. 기업 우대 분위기를 확산시키고, 범시민 차원의 기업사랑 운동 차원에서 이같은 구상을 할 수는 없을까요.

전주 한옥마을의 역사

1926년 교육기관으로 전동성당 구내에서 출발한 성심학교(당시 해성강습소), 풍남초등학교(1919년), 중앙초등학교(일제하 일본인소학교), 전주여고(1926년 현 리베라호텔), 전주남중(1937년) 등 근대교육시설, 또 한옥마을과 연계되는 동문거리에 있는 일제금융조합연합회(현 선각사)와 잠업전시관(현 잠업협회)의 경우는 근대 유적이라고 할 수 있습니다.

이후, 도시화의 진전에 따라 가내수공업 형태의 공장이 출현하고 발전해 나가는데 백양BYC공장(1951년), 문화연필공장(1949년) 등의 옛 터가 남아 있어 한옥마을은 마을인 동시에 근대화의 과정을 동시에 담고 있는 장소이기도 합니다.

전주한옥마을의 고하문학관에 가면 최승범 원로 시인의 어린 시절 추억담을 들을 수 있습니다. 그가 스승인 가람 이병기 선생의 심부름으로 줄기차게 막걸리를 받으러 다녔던 오일주조장은 현재 전주공예품전시관 부근이었답니다. 전주 팔복동에 주조공사가 생기기 전까지 한옥마을 사람들의 흥을 돋우었던 주조장은 전주향교와 공예품전시관 인근에 두 곳이나 있었다고 하니, 이곳에 전주술박물관이 들어설 수밖에 없었던 이유이지 않을까요.

한옥마을에는 한옥만 있는 것이 아닙니다. 한옥마을이 급격하게 공동화된 것은 도심 중심부에 위치했던 제조업이 도심 외곽으로 이전하고, 도시의 팽창과 더불어 도심중심부가 점차 북서부로 이동해갔기 때문입니다. 한옥마을에는 문화연필, 오일주조장, 한흥메리야스(BYC전신), BBS 운전면허시험장 등의 그 당시 전주시의 제조업을 이끄는 업체들이 모여 있을 만큼 경제적 중심지였습니다.

하지만, 1970년대 도시계획에 따라 주거지역, 상업지역, 공업지역으로 도시의 공간이 역할 배분되면서 한옥마을은 경제적 중심지의 역할을 상실하고 주거지역으로 변하게 됐지만 요즘 들어 옛 명성을 하나둘씩 찾고 있습니다.

본격적으로 한옥마을 조성사업이 시작된 2002년 이후 지난 10년의 세월은 이 공간을 놀랍게 변화시켰습니다. 길은 넓어지고 규칙적으로 잘린 대리석과 돌들이 그 길을 덮었습니다. 전신주가 사라졌으며 실개천이 흐르고 있습니다. 전주한벽문화관을 필두로 공예품전시관, 전통술박물관, 한옥생활체험관, 최명희문학관 등 문화시설이 지어지고 한 집 건너 한집마다 카페와 식당, 기념품 상점들이 자리잡고 관광객을 유혹합니다.

낡았지만 소박하게 어깨를 맞대고 이어지던 한옥 살림집들은 이제 찾아보기 힘이 듭니다. 적당한 거리를 두고 떨어져 앉아 우람한 규모와 번지르르한 자태를 뽐내는 새로운 한옥들이 즐비합니다.

원주민의 삶터, 곧 '집'으로서의 기능은 대부분 사라지고 민박과 게스트하우스로, 관광객을 위한 체험공방으로 성업 중입니다. 주말이면 사람에 치여 걷기 힘들다는 말이 나올 정도로 관광객과 시민들이 몰려 태조로와 은행로를 가득 메웁니다.

전주시민들은 물론이고 전국적으로도 전주한옥마을에 대한 인지도는 매우 높아졌으며 덕분에 전주라는 도시 이미지, 전통문화도시 전주로서의 위상은 더 확고해졌다고 할 수 있습니다. 지나친 상업화와 하드웨어 중심의 개발주의가 문제라는 비판적 시각에도 불구하고 이 정도면 일단 성공적인 작품인 셈입니다. 하기야 그간 한옥마을에 투여된 사업비만 해도 1999~2010년까지 947억 원으로 실패했다면 더 이상하게 여겨졌을 일입니다.

전주시가 관광산업의 주요 전략상품으로 바라본 한옥마을의 성과와 기대치가 본격적으로 가시화되기 시작한 것은 2006년 대통령자문위원회로부터 '지속가능한 마을'로 지정받은 시기를 전후로 합니다. 이에 더하여 2007~2009년 3년 동안 '살고 싶은 도시 만들기 시범마을분야'

연속 선정, 2010년 '한국관광의 별', '국제슬로우시티' 지정, 2011년에는 '한국관광의 으뜸명소'로 지정받는 등 연이은 성과를 쌓게 됩니다. 이에 전주시는 한옥마을을 터전삼고 있는 주민이든 이러한 한옥마을의 가시적 성과와 발전 현상에 한껏 고무되고 자부심을 가질만합니다.

한옥마을은 도대체 언제부터, 어떻게 한옥마을이 되었을까요? 한옥마을 이전 교동·풍남동 일대의 형성과 변천사를 먼저 살펴보면 1977년, 한옥보존지구 지정 이후 2000년을 전후한 시기에 이르기까지 한옥마을은 공동화, 슬럼화의 길을 가고 있었다는 지적이 공통적으로 나타납니다.

1930년대 일본인이 전주에 대거 거주하기 시작하면서 일본식 주택들이 많이 들어섰습니다. 그러자 이곳 주민 가운데 몇몇 부호가 중심이 돼 그에 대한 반발로 한옥마을을 형성했습니다. 결국 1977년 이곳 한옥마을 일대가 '한옥보존지구'로 지정됐습니다.

한옥은 보존될 수 있었지만 역으로 마을은 급속히 공동화空洞化 길을 걷기 시작합니다. 1990년대 말 규제가 완화돼 5층 이하 새로운 건물을 지을 수 있게 됐습니다. 불편했던 생활이 개선될 것 같았지만 이내 2000년대 초반 불어 닥친 웰빙 열풍과 2002년 한·일 월드컵 등의 국제행사와 맞물리면서 한옥마을 보존 여론이 다시 살아났습니다.

도심 공동화에도 불구하고 여전히 한옥마을은 여느 도시 한복판에서 보기 힘든 한옥밀집지역으로 건축가, 인류학자 등에 그 가치를 인정받고 있었으며, 부분적인 개조와 증축에도 불구하고 근현대 생활상을 미루어 살필 수 있게 하는 다양한 삶의 모습과 아기자기한 골목 등 '이야기'를 보듬고 있는 고즈넉한 거리의 풍모를 지니고 있었습니다. 이같

전주월드컵 경기장

은 한옥마을의 모습에 먼저 반응과 관심을 보인 사람들은 다름 아닌 문화예술계 종사자들이었습니다.

1990년대 말에 한옥마을로 들어온 대부분의 문화 관련 인사들은 예술가들이 아닌 문화활동가들이었습니다. 그 당시 한옥마을에서 활동하거나 한옥마을로 입주한 단체는 '겐지갱'이라는 풍물단체와 우리역사 되찾기 운동을 주도한 '전통문화사랑모임' 등 이었습니다. 이들은 '다문'이라는 찻집을 거점으로 한옥마을을 문화적 공간으로 바꿔나가기 시작합니다.

1998년 고사동 오거리를 떠나 한옥마을에 둥지를 튼 다문의 박시도 사장과 고 이동엽 씨 등을 중심으로 한 '전통문화사랑모임' 활동을 바탕으로, 한 달에 한 번씩 '다문잔치'를 개최하는 것이었습니다. 다문잔치는 전통문화를 매개로 다양한 문화활동가와 예술가들이 모여 함께 노는 시간을 가진 것이었습니다.

"다문이 교동으로 이사를 왔을 무렵이면 해가 떨어지면 거리가 조용하고 어둡고 가라앉았습니다. 그 당시 마을 사람들은 하루라도 빨리 한옥마을에서 벗어나려고 노력했습니다. 그런 곳에서 다문을 중심으로 새벽 4시까지 전통공연을 하면서 노는 것이 우리들의 일이었습니다. 그 당시 사람들은 어디서 도깨비 같은 놈들이 나타나서 조용한 동네를 시끄럽게 하나 하고 의아해했던 적이 한두 번이 아닙니다." 박시도 '다문' 사장이 기획한 이른바 다문잔치는 쇠락하고 있는 한옥마을을 문화활동의 중심공간으로 바꾸는 중요한 계기가 되었습니다. 새벽 늦게까지 떠들고 노는 '도깨비'같은 사람들은 점차 다문을 예술가와 문화활동가 그리고, 이러한 문화적 취향을 추구하는 사람들에게 거점으로서 역할을 담당하게 됩니다.

아무튼, '산조축제'와 '마임축제'는 이러한 문화예술가들의 창조적 융합에 의해 새롭게 만들어진 문화행사들이었습니다. 산조축제는 서울의 굿연구소의 제안을 다문이 받아들이면서 시작되었고, 또랑광대, 락과 산조의 결합, 일본과 중국과의 음악적 교류 등의 다양한 문화적 시도를 합니다.

이 과정에서 그들의 활동공간은 다문을 넘어 한옥마을 곳곳으로 영역을 확대되기에 이릅니다. 오랜 세월이 지난 지금도 여전히 '다문'과 '산조축제'라는 두 키워드로 그 시절 한옥마을을 기억하곤 합니다.

한옥마을 교동아트

전주 문화예술인들은 한결같이 한옥마을 보물 1호로 교동미술관을 첫 손에 꼽습니다. 교동아트는 한옥마을에서 문화예술분야의 허파와 같은 역할을 하고 있습니다. 문화예술인들과 대중과의 소통을 위해 사회적기업 (사)교동아트센터가 건립한 전시 및 문화공간에 다름 아닙니다.

무엇보다 눈여겨볼 대목은 폐공장이 문화라는 옷으로 바꿔 입고 새롭게 탈바꿈한 점입니다. 폐교에 들어선 임실 오궁리미술촌에 이어 폐건물을 문화예술 공간으로 활용한 지역의 대표적 사례로 꼽힐 만합니다. 도심 속에 흉물스럽게 방치됐던 건물이 전통과 문화가 공존중인 주변 분위기와 생뚱맞게 배치되지 않고 적절하게 조화를 이룰 수 있는 문화공간으로 재탄생했기 때문입니다.

　인상파 거장들의 작품을 가장 많이 소유한 것으로 유명한 프랑스의 오르세 미술관은 바로 파리 만국박람회를 위해 지어진 기차역과 호텔을 개조한 것입니다. 독일의 리하르트 바그너 박물관은 자국 최고의 음악가인 바그너가 살던 집을 활용했습니다. 벨기에 해양박물관은 고성이었던 스텐성의 일부를 개조한 사례입니다. 가깝게는 재난 대피소로 쓰이던 벽돌건물을 문화예술공간으로 탈바꿈시킨 일본 가나자와시의 시민예술촌을 예로 들 수 있습니다.

　이들의 공통점은 옛 건물을 현대식 건물이 아닌, 보는 이들이 지난 역사를 되짚으며 추억에 잠길 수 있게 이른바 '세월의 때'까지 고스란히 남겨 개조한다는 점입니다. 문화 중심도시를 표방하고 있는 전주 도심 속 폐건물이 공간에 담긴 역사와 세월의 흔적까지 보듬으려는 이들의 문화적 저력을 벤치마킹해 변화되기를 기대해 봅니다.

지금부터는 꿀꿀한 맘 떨쳐 버리세요. 교동미술관 같은 당신의 변신은 좋은 겁니다. 무죄 정도가 아니라 필수 입니다. 변화가 없다는 것은 죽은 것입니다. 어제가 오늘과 같고 오늘이 내일과 같다면, 이것은 바로 죽음과 같은 것 아니겠습니까?

변신은 살아 있음을 나타냅니다. 변신은 기대와 설레임을 동반합니다. 변신에 주변 사람들이 무관심 하다면 실패한 것이 됩니다. 주변의 관심은 일단 님의 변신이 성공했다는 것을 증명합니다. 넥타이라도 바꿔 매고 출근하는 날은 무언가 기분이 달라집니다.

어제와 무엇인가 달라졌기 때문입니다. 넥타이의 작은 변화는 업무에도 활력을 부여합니다. 남이 알아주든 아니든 변신은 자신에게 살아 있음을 확인시켜 주는 수단이 되기도 합니다. 당신, 힘내세요. 변신은 아주 좋은 겁니다. 변신은 살아있음의 증거입니다. 그래서 공장의 변신은 무죄입니다. 바로 그 공장에서 문화의 향기 '풀풀' 납니다.

교동아트센터

상업화의 물결이 휩쓸고 있는 상황 속에서 조용히 문화예술 컨텐츠를 제공하면서 균형의 추를 맞추고 있는 셈입니다. 어느새 한옥마을을 찾는 관광객들의 필수 관람코스가 되고 있는 '문화 보물' 교동아트 미술관으로 자리매김을 했습니다.

이 미술관은 1960년대 백양표 메리야쓰를 생산하던 백양섬유와 한흥물산 봉제공장이었습니다. 교통 아트는 당시 백양섬유 한영조 공장장(김완순 관장의 시아버지)이 사용하던 공장 원형을 유지하면서 내부를 리모델링해 2007년 4월, 개관했습니다.

이후 지역 작가들에게는 전시활동 공간으로, 시민들에게는 문화사랑방으로 사랑받고 있습니다. 교동미술관의 교동橋動은 한옥마을이 자리한 교동校洞에 소통의 통로 즉 움직이는 다리가 되고자 한자음을 따서 붙인 이름입니다.

김완순 관장은 한지를 이용해 작품 활동을 하고 있는 작가이기도 합니다. 작품 활동과 미술관 운영을 병행하고 있습니다. 여수출생인 김관장은 25살에 전주에 시집와 낮은 담장너머로 한적 한 경기전을 바라보면서 신혼생활을 시작했습니다. 벌써 한옥마을에 산 지가 40년이 됩니다. 그래서 언제나 한옥마을을 가슴에 품고 사는 그녀입니다.

"한옥마을이 오래 지속되기 위해서는 상업화를 상쇄할 수 있는 문화예술 공간이 필요하다. 아기자기한 공방들이 많이 들어서고, 작가들이 활동할 수 있는 공간들이 더욱 확대돼야 합니다. 지자체와 기업들의 애정 어린 관심이 꼭 필요합니다." 한옥마을 문화예술 1번지를 지켜가고 있는 김관장의 바람입니다.

교동미술관은 기획전시와 초대전을 통해 지역작가와 유망한 작가들에게 전시와 판매의 기회를 제공하고 있기도 합니다. 김관장은 "내가 오지랖이 넓다. 작가들과 만나 그들과 함께 숨을 쉬는 것이 행복하다. 매달 미술관을 운영하는 것이 녹녹치 않지만, 이 일이 나의 천직이 아닌가 한다"며 호탕한 웃음을 짓습니다.

우리 교동아트에서 수채화 같은 세상 꿈꾸면 안 될까요. 저쪽 산마루를 바라보니 하늘이 열리는 소리로 떠들썩합니다. 볕 좋은 날 아침 태양을 한껏 머금은 싱그러운 빛깔이 더없이 아름답고 평온합니다.

세상이 마치 잘 그려진 한 폭의 수채화 같습니다. "세상에서 가장 아름다운 길은, 너에게로 가는 길이다"라는 말을 생각하면서 걷고 있습니다. 작품 속의 들길을 걷다보면 어느덧 내 발이 향기로워집니다. 햇빛 밝은 날은 눈감아도 보이는 다년생 풀의 초록빛 생애 꽃들은 한 송이만 피어도 들판의 주인이 됩니다. 그리울수록 얼굴 환해지는 풀꽃들이 펼쳐놓은 세상은 결코 환상이 아닙니다.

교동아트센터에서 바라본 수채화 같은 창밖의 세상 참 좋군요. 겨울 풍경 속에서 만나봤던 수채화처럼 가슴 깊이 스며드는 서정 맑은 영혼이 깃든 사람들로 넘쳐났으면 참 좋겠습니다.

몽당연필의 추억을 되살리는 문화연필

그리스신화에 나오는 얘기입니다. 한 여인이 마지막 나라로 가는 스틱스강을 건너려는데, 뱃사공이 말합니다. 당신은 이 강을 건너기 전에 레테호수의 물을 마실지 안 마실지를 결정해야 한다고 말입니다. 호수의 물을 마시면 모든 고통을 다 잊을 수 있다는 말에 물을 마시려는 순간, 고통스러운 기억도 잊어버리지만 좋았던 일 등 과거의 모든 일을 잊어버리게 된다는 사공의 말이 스칩니다. 결국 마시지 않기로 마음을 고쳐먹습니다. 고통스러운 것을 잊어버리는 것은 좋지만 모든 것을 다 잊어버리는 일은 결코 바람직하지 않습니다.

고통 자체도 분명한 내 삶의 한부분이기 때문입니다. 뭐 그리도 잊어버려야 할 일이 많은지, 1년 동안 고작 한두 번쯤 만나던 친구들과 직장 동료들과 함께 서로 부어라 마셔라 하던 '망년忘年'을 지금은 '송년送年'으로 부릅니다. 향내 나는, 결따라 세월의 때가 곱게 눅은 책상머리에 앉아 돌이켜보면 참으로 잊어야 할 일들이 많습니다. 모두 잊어버린다면, 아니 잊을 수만 있다면 참 행복할 것입니다.

성신여중고 앞에서 한때 유명세를 탔던 문화연필을 생각하며 떠올린 단상입니다. 전주 사람들은 풍남문 옆에선 겨울철이면 떨어진 솔잎을 순수레에 놓고 팔기도 했었고. 남부시장에서 희금자죽 심부름도 했었고, 매곡교 옆 남부시장 건너편 송약방에 심부름을 다닌 기억이 지금도 생생합니다. 당시 교동에 있던 '문화연필' 공장에 큰불이 났었는데, 그 자리에 그 공장은 있는지를 염려하는 사람들도 있습니다.

전주문화원에서 펴낸 《전주사람 송영상의 전라도 풍물기》에는 문화연필의 역사를 되돌아볼 수 있게 하는 내용이 실려 있습니다.

몽당연필이 절약의 대명사로 불린 때가 있었다. 초등학생은 물론 중고등학생들의 필기구도 연필이었다. 볼펜은 부잣집 학생들이나 애지중지한 고급 필기구였고 펜 사용도 흔치 않았다. 붓곽에 펜을 꽂아 쓰는 펜글씨는 여학생에게 보내는 소위 러브레터에 사용되었다. 잉크병은 요즈음 2홉짜리 소주병처럼 제품화되었고 앙증스런 작은 병을 구해 조금씩 담아 다니기도 했다. 문방구에서 값비싼 잉크를 사 쓸 돈이 아까워 물감 집에서 사온 물감을 양재기에 백반과 함께 넣어 펄펄 끓여 만든 잉크는 손색이 없는 고급 잉크 대용으로 훌륭했다. 현재의 성심여고 정문 앞 골목에 자리잡은 문화연필공장은 이 고장 유수 한 산업체로 명성을 날렸다. 도시락 2배 크기의 나뭇조각들이 골목 안까지 가득 넘치게 늘어선 문화연필공장에서 폐품으로 버린 연필토막을 가마니에 넣어 사간 영세업자는 각급 학교 정문에서 온종일 쭈그리고 앉아 연필 장사를 했는데 꽤 장사가 잘된 것 같다.

연필이 귀하던 시절이 있었습니다. 짤막하게 닳은 몽당연필도 버리지 않았습니다. 모나미 볼펜대에 끼워 넣어져 키를 늘린 연필들이 달려가는 아이들 필통 속에서 잘그락거렸습니다. 서로의 글씨를 만나 볼 기회가 드문 세상에서 연필 깎을 때 나던 향기는 이제 아련한 기억 속에 존재합니다. 아침 자습이 시작되면 꼭 필통검사를 하던 선생님들이 있었습니다. 가지런히 연필을 깎아서 오지 않으면 너는 오늘 하루를 준비하지 않았다고 엄한 얼굴을 하던… 지금은 아마도 연필 못 깎는 애들이 많을 겁니다.

문화연필 공장은 이석동 씨가 1949년 5월 31일 완산구 교동 성심여중고 정문 앞 골목 근처에 세워졌습니다. 예전엔 성심여중고 정문이 지금 현재 있는 그 베테랑 분식점이 아니고 그 뒤에 전동성당하고 그사이에 자리한 골목으로 당시엔 청수정(냇물을 끼고 있어서 붙여진 이름)길에서 교동으로 통하는 길이 있었다고 합니다. 문화연필이 당초 있던 자리, 그 앞에서 쭉 들어가면 원불교 교당이 자리하고 있습니다.

당시 우리나라에는 대전 동아연필 밖에 없었습니다. 그러나 교동시 대의 문화연필은 1963년 경영난에 봉착하면서 경영권이 페인트를 공급하던 제비표 페인트(건설화학)에 넘겨지게 됩니다.

문화연필은 황학구 씨가 2대 사장으로 취임한 이후 재원조달이 활발해지면서 필기구업체 선두주자로 성장하게 됩니다. 특히 제비표 페인트의 둘째 사위인 박덕신 씨(85년 3대 사장 취임)가 1977년 스페인 유학 중 귀국, 영업이사로 문화연필 경영에 뛰어들고 때마침 필기구 수요도 폭증, 유망 중소기업으로 도약하게 됐습니다.

'몽당연필도 끝까지 쓰자'는 게 '금주의 주훈'이었던 아이들은 이제 연필을 더 이상 쓰지 않는 어른이 되었을 것입니다. 요즘이야 격세지감이네요. 사무자동화시대라고 종이 없는 사무실을 꾸리다 보니 장부니 전표니 기장이니 하는 말과 함께 필기구들도 사라졌기 때문입니다.

예전 같으면 수업시간에 선생님 등 뒤로 넘어다니던 쪽지를 핸드폰 문자가 대신하고 키보드에 맨손가락으로 마음속 사연을 '때리는' 시대가 아닌가요. 한때 문화연필 CM송을 레토드판으로 만들어 거의 전국의 초등학교에 보급해 행진곡으로 쓰는 경우가 있었다는 사실을 아시나요. "외국산만 좋다 말자 마음마저 빼앗길라 날로달로 좋아지는 우리 국산 문화연필"로 시작하는 이 노래는 당시에 어린이들의 놀이였던 고무줄놀이 때 불렀으며, 55대 후반 사람들은 이 노래를 들으면 옛 추억에 잠길 사람들이 많겠죠.

동문東門은
동문同門을 꿈꾼다

전주 동문거리에서 무심코 본 하늘에는 새가 날아다닙니다. 이곳은 몇 년 전만하더라도 낡고 볼품없는 거리에 불과했지만 버려진 시설물, 공간들을 자산으로 재인식하여 새로운 느낌의 환경으로 재탄생했습니다.

작은 간판 하나도 그냥 거는 법이 없습니다. 자신들의 특색에 맞게 간판들이 제 역할을 톡톡히 해내고 있습니다. 재미난 간판들도 많습니다. 멋진 시 한 편이 간판이 되기도 하고, 이름 없는 독특한 간판도 볼 수 있습니다. 그냥 가지 말고 차라도 한잔해야 할 것 같은 여유를 줍니다. 척박하게만 느껴졌던 거리가 문화예술인들의 노력으로 소소하지만 아름다운 거리로 탈바꿈했습니다.

주인이 바뀌어도 상호는 그대로인 거리, 맛이 바뀌어도 단골의 발길은 여전한 전주 동문거리에는 40여 년의 역사를 자랑하는 홍지서림이 있습니다. '홍지에 가면 원하는 책이 있다'는 사실만으로 과거 전주 책벌레들의 사랑을 한 몸에 받았던 이곳에서 전주 출신 문학인들은 학창시절 문학도의 꿈을 키워왔습니다. 지금도 명맥을 유지하는 몇몇 헌책방에는 오랜 세월의 궤적이 고스란히 담겨 있습니다.

동문거리는 팔달로, 충경로, 기린로와 직접 연결되고, 거기에 계획되지 않은 실핏줄 같은 골목들이 퍼져 있습니다. 또 팔달로를 지나면 정면에 예술회관과 웨딩거리, 귀금속거리로 연계되고, 남쪽으로는 경기전과 태조로, 전주한옥마을이 지척에 있습니다. 무엇보다도 동문거리에는 눈으로 보이지 않는 것들이 있습니다. 그곳에는 전주만의 문화와 역사, 정서가 살아 숨 쉬고, 과거의 추억과 숨겨진 이야기들이 수두룩합니다.

전주의 도심과 동문을 연결하는 기능으로 존재했던 동문거리는 조선시대와 일제시대를 거쳐 오늘에 이르기까지 그 역사의 부침이 뚜렷합니다. 그리 멀지 않은 과거, 1970~1980년대만 뒤돌아본다 해도 동문거리는 전주를 대표하는 문화의 거리였습니다. 문화의 향기를 공유할 수 있는 거리의 존재는 그 자체로도 한 도시의 희망입니다.

추억으로 남아 있는 거리에 다시 선 사람들. 추억은 이들을 일으켜 세우는 힘을 갖고 있습니다. 그들의 환한 웃음이 아름답습니다. 아직도 다른 곳으로 모두 떠나지 않았기에. 여전히 동문東門은 동문同門을 꿈꿉니다.

국내 최고령 삼양다방

전주의 웬만한 여염집치고 서화 한두 폭이 걸리지 않은 집이 없으며, 하다못해 허름한 대폿집이나 변두리 다방에도 서화가 걸려 있을 정도로 전주는 문화예술의 도시입니다. 고려시대의 문장가인 이규보는 "기와집이 즐비하여 옛 도읍의 풍토가 있고 사람들이 수레로 물건을 나르며 의관을 정제하고 다녀 가히 본받을 만하다"고 전주를 기록했습니다.

우리나라에서 가장 오래된 다방도 전주에 있지요. 국내 최고령 다방인 전주 삼양다방은 클래식 음악을 틀어주고 서화가들이 모여서 미술전이나 서예전을 자주 열었던 문화공간으로 많은 문화예술인들은 기억하고 있습니다.

오전 8시 30분이면 매일같이 문을 열고 주전자에 물을 끓이고 뜨거운 물에 찻잔을 데웠습니다. 그리고 구독하는 신문 4가지를 테이블에 올려놓았습니다. 오전 9시쯤이면 첫 손님이 왔지요. 사진작가 김학수 등 매일 오는 손님들입니다. 주로 노인들의 사랑방 역할을 하다 보니 세상 돌아가는 이야기와 옛날이야기를 듣다 보면 자신도 옛날로 돌아간 기분이라며 오후 6시가 넘으면 손님이 없어 일찍 문을 닫는다고 합니다.

예전에 삼양다방 옆에는 고풍스런 한옥 기와집이 한 채 있었는데, 주인이 이병기 변호사로 카이젤 수염을 기르고 스틱을 짚고 거리에 나서면 그 풍채에서 풍기는 전주선비의 모습을 모르는 사람이 없을 정도로 유명한 인물이었습니다. 그도 옛날 삼양다방의 단골손님으로 차를 마시면서 많은 이야기를 해주었다고 전합니다.

1952년 개업한 삼양다방은 진주 흑백다방, 서울 학림다방과 함께
국내 다방의 역사를 이끌어 왔습니다. 6.25사변 이후에는 피난민으
로 내려온 연예인들과 전주시내 언론인들의 사교공간으로 성업했었
고, 50년대 후반 '싸롱 세라노'등의 음악애호가들의 모임장소였으며,
1960~1970년대에는 모던한 서양식 문화의 공간으로 젊은이들의 데이

삼양다방

트 장소로 빠지지 않을 정도의 사랑을 받았었습니다. 그 후에도 어르신들의 사랑방으로 꾸준히 사랑을 받아왔습니다.

그러나 변화하는 세월 속에서 경영난을 겪고 있었고, 건물이 새로운 주인에게 넘어가면서 영업을 중단하게 될 처지가 됐습니다. 자칫 사라질 위기에 놓였던 추억의 문화사랑방인 삼양다방은 새 건물주의 후원

과 지역 문화예술인들의 노력으로 옛 모습을 살려 복원됐습니다. 삼양다방을 살리기 계절회, 근현대 전문가, 동문예술거리협의회, 도시재창조포럼 등의 관계자가 모여 한 차례 집담회를 개최하고, 삼양다방운영위원회가 결성, 본격적인 복원과 운영에 대한 논의가 진행됐습니다.

이들은 삼양다방이 가지고 있는 역사적 의미와 상징성을 시민들과 관광객에게 널리 알리고, 문화예술도시 전주의 추억을 되살리는 데 복원의 의미를 두고 있습니다. 또한 다방이 가지고 있는 역사 속의 생활적 가치를 살리고 젊은 세대들과의 소통의 문화를 만들어가는 문화주도 도시재생의 거점으로, 과거와 현재를 잇는 창조적 거점으로 삼양다방의 복원에 대한 가치를 삼았고, 민간 자본과 지역 시민단체와의 협업으로 전주의 역사문화를 기반으로 한 새로운 도시재생의 모델을 지향하는데 한 뜻을 모았습니다.

그리하여 전주 삼양다방은 2014년 7월 4일 오후 1시 다시 문을 열었습니다. 다방이 있던 원래 자리에

새로 지어진 지인빌딩 1층에는 삼양다방이, 지하에는 전주영화소품창고가 각각 둥지를 틀게 된 것이지요.

새롭게 개업한 삼양다방은 근대와 현대의 만남으로 운영되고 있습니다. 현대식 건물에 근대식 다방의 모습을 갖추어 일명 '다방커피'를 중심으로 쌍화탕, 오미자화채, 미숫가루 등을 주메뉴로 판매하고 있습니다.

또, 최근까지 삼양다방을 운영해 왔던 이춘자 사장의 도움을 받아 구 삼양다방의 집기류, 전시품 등을 활용, 인테리어를 할 수 있었습니다. 삼양다방과 함께 들어서는 '전주영화소품창고'는 영화도시 전주의 이미지를 잘 보여주는 공간입니다. 이곳에서는 무료 영화상영과 〈역린〉, 〈그림자 살인〉, 〈7번방의 선물〉, 〈조선미녀 삼총사〉 등 전라북도에서 촬영, 제작된 영화소품을 관람 및 체험을 할 수 있게 됐습니다.

이수영 운영위원장은 "지난 세월 전주의 영화 및 문화예술인들의 사랑방, 근현대 추억을 안고 있던 삼양다방이 이제 일상 속의 문화공간으로 다시 태어난다"며 "다방 운영을 통해 발생한 수익 모두를 지역 문화예술 활동과 공익 사업에 전액 재투자할 계획이다"고 말합니다.

쌍화차를 주문하니 잣이며 호두, 대추를 듬뿍 넣은 차가 나왔습니다. 눈이 펑펑 오는 날, 다시 한번 삼양다방을 찾아오기로 마음먹습니다.

전주 삼성전당포는 사라졌지만 삼원당한약방은 그대로

삼성전당포라는 간판이 보이는 이 집은 분위기 그 자체에 함몰되기 쉽습니다. 영화 〈화이트 발렌타인〉에서 박신양이 비둘기를 날리는 집과 아담하고 고풍스러운 전지현의 책방 모두 이곳에서 촬영됐습니다. 2층 창문에서 전지현이 불쑥 고개를 내밀 것 같은 느낌이 쉬이 걸음을 떼지 못하게 만들었습니다.

현재 전주 시내에는 모두 5곳 안팎의 전당포가 있지만 시간의 흐름 속에 사양길을 걷고 있는 실정입니다. 특히 이 집은 도로의 모서리 부분만 2층으로 올려 창고로 사용하고 있으며, 건립 일은 1933년 5월 8일로 나옵니다.

구 삼성전당포

상가 출입은 도로에서 직접 이뤄지며, 주택은 남쪽에 나 있는 골목
길을 통해 이뤄지도록 설계, 주거 영역과 상사 영역의 출입을 서로 분
리하여 독립적으로 계획한 건물입니다. 평면은 전후퇴집 구조, 지붕은
홑처마 팔작지붕으로 한식 시멘트 기와를 올렸으며, 2층 벽체는 시멘
트 몰탈 흩뿌리기로 마감했습니다.

바로 바로 옆에 삼원한약방이 자리하고 있습니다. 1,200명이 응시
한 지난 1967년 전라북도한약종상시험에서 이 집의 주인이 16위를 차
지한 것이 인연이 돼 시작한 한의원이랍니다. 주인은 부안에서 전주로
이주한 후, '삼원'이란 주인의 아호를 따서 지은 것으로 맨 처음엔 삼원

서원이라고 명명했습니다.

'삼원三元'이란 천지인天地人의 소통관계를 사람과 지구와 하늘을 연관지어서 일컫는 말입니다. 지구에서 보면 기의 소통이 하늘에서 내린 기가 먼저 사람에게 내려져서, 사람에게 내려진 기는 땅으로 내려지고, 또 땅에서 발산하는 기는 사람에게 들어가서 사람에게서 기가 하늘로 발산하는 관계를 둔다는 의미입니다.

바로 이러한 '삼원'이 학문에 가치가 있을 것 같아 삼원서원이란 현판을 올렸으며, 하냥 꿈을 먹으며 한약방을 운영하고자는 뜻으로 삼원 한약방이라 했습니다. 도시형 한옥으로 가로에 길게 면하고 있는 이 건

삼원당한약방

물의 건립 일은 1946년 5월 8일.

안채는 남쪽으로 향하고 있으며, 사랑채는 안채와 수직으로 놓인 도로에 면하고 있으며, 담장으로 공안이 구분된 것이 특징. 마당은 정원으로 조성, 근대 건축의 특징을 잘 보여주고 있습니다.

안채는 정면 4칸의 전후퇴집, 지붕은 홑처마 팔작지붕, 사랑채는 정면 4칸 측면 3량가, 평면은 일자형으로 모든 칸에 쪽마루를 부설했습니다. 굴뚝이 지붕 위로 솟아있는 이 건물은 1939년도에 건축됐다는 주인의 설명입니다. 주인이 집을 수리하면서 본 상량문에 이같이 기록된 것을 보았기 때문입니다.

강암은 역사다

전북의 서맥은 송재 송일중, 창암 이삼만, 석정 이정직, 벽하 조주승, 유재 송기면, 설송 최규상, 석전 황욱, 강암 송성용 등에 이르기까지 오래전부터 탄탄한 서단을 형성해 왔습니다. 전북비엔날레의 토대가 그 어느 지역보다 탄탄하게 자리잡고 있습니다. 그래서 전주시 강암서예관이 자리하고 있으며, 세계서예 전북비엔날레가 열고 있는지도 몰라요.

1995년, 서예가 강암 송성용 회고전을 마련한 동아일보는 전시 타이틀을 '강암은 역사다'로 했습니다. 강암은 서예 역사에서 뺄 수 없는 존재라는 찬사에 다름 아닙니다. 강암에 대해 얘기하려면 간재 전우田愚라는, 전주 한옥마을 출신의 조선 마지막 유학자까지 거슬러 올라야 합니다. 간재 전우의 3,000여 명의 제자 가운데 대표적인 3명의 선비 금재 최병심, 고재 이병은, 유재 송기면은 전주향교 근처에 모여들어 오늘날의 한옥마을을 일구었습니다.

유재 송기면은 이때 한옥마을에 와서 살지는 않았습니다. 고향인 김제 백산의 여뀌다리 마을로 돌아가 요교정사蓼橋精舍를 지어 후학들을 가르쳤는데, 아들만큼은 한옥마을 고재 이병은의 남안재로 보내 학문을 익히도록 주선했으니 바로 그가 강암 송성용입니다.

강암은 스승의 셋째 따님과 결혼해서 한옥마을 남천 천변에 집을 짓고 살았습니다. 1999년 작고할 때까지 흰 한복만을 입었으며 상투를 틀고 망건을 쓴 채 꼿꼿한 자세로 글을 읽고 사군자를 치고 글씨를 쓴 유학자이자 서도가였습니다. 그가 평생 보발과 한복을 고집한 건 부친인 유재의 가르침 때문이었고 일제의 단발령에 대한 항거였습니다.

그리고 전주 교동에서 '아석재'란 집에서 청빈하고 조용한 예술 삶을 영위해 왔습니다. 아석재란 '물과 돌이 있는 데서 유연하게 살리라'라는 뜻입니다. 현재 강암고택 아석재我石齋에는 '거연아천석居然我泉石'이라는 추사 김정희의 글씨와 '아석재我石齋'라는 소전 손재형 선생의 작품 등이 마루 위에 걸려 있습니다.

강암은 어렸을 때부터 학문을 깊이 있게 공부한 바, 그것이 서예의 바탕이 됩니다. 그가 만든 강암체는 글속에 담긴 깊은 뜻이 붓 끝에 전달돼 마음에 새기는 글을 의미합니다. 특히 구체신용舊體新用사상에 따라 고법古法에 충실하면서도 현대적 조형미를 갖춘 서예세계를 구축한 가운데, 자신의 삶과도 닮은 대나무 그림은 독보적 존재로 평가받고 있습니다. 그의 글은 전통적 서법을 현대적 차원으로 승화시킨 것으로 평

가받고 있으며, 특히 전서, 예서 등 오체뿐 아니라 사군자, 문인화도 독
보적 경지에 올랐다고 합니다.

강암 송성용과 허산옥, 사제의 정을 잇다

강암은 국전에 출품하기 전부터 이미 글씨와 그림으로 일가를 이뤘
습니다. 주변의 많은 사람으로부터 대한민국 미술대전 출품을 여러 차
례 권유를 받았습니다. 하지만 아버지 유재에게는 못미치는 재주와 학
문이라고 자신을 돌아보면서 출품을 계속 사양했습니다. 그는 아버지
가 세상을 뜬 후에야 자신의 작품을 세상에 내놓기 시작했습니다.

김제에 살고 있던 그를 전주로 이사 오게끔 한 사람 가운데 남전 허
산옥입니다. 국전에 15회 걸쳐 입선할 정도로 서화 능력이 뛰어난 그는
국전 초대작가와 전북미술대전 심사위원으로 활동했던 전북 최고의 여
류작가입니다. 그러면서 그는 배포 큰 문화예술계의 메세나였습니다.
말하자면 허산옥은 40여 년 동안 전주 문화예술계의 대모代母였던 셈
입니다.

그는 김제 부량의 가난한 집에서 10남매 중 아홉째로 태어났습니다.
16살에 남원권번에 들어가 기생이 되었고, 이곳에서 산옥山玉이란 예명
을 받았습니다. 당시 권번은 가무와 시, 서화를 가르치는 종합예술학
교였고 기생은 잘 나가는 아이돌 가수요, 탤런트였습니다. 이후 예능활
동은 전주에서 펼쳤습니다. 1943년 '낙원樂園'의 건물 일부를 인수받아
'행원杏園'을 개업하고 본격적인 화가가 됩니다.

당시 낙원은 행원의 3배 정도로 규모가 큰 요정이었으며, 권번에서 익힌 춤과 북 장단은 한국화와 서예로 넓혀집니다. 그래서 정치인과 재력가, 언론인, 관리 등의 발길이 끊이지 않았고, 국악을 곁들이는 만찬은 전국으로 알려졌습니다. 풍남문 골목 안에서 운영했던 행원은 전주 음식과 약주의 맥을 이은 제일의 전통 한국음식점이었고, 전주풍류의 맥을 잇는 공간이었음을 보여줍니다. 1960년대 초 몰락한 정치인을 불러 술을 대접하며 당시 100만 원이 넘던 거액의 외상값을 탕감해주었다는 일화도 전해옵니다.

그는 이곳에서 번 돈으로 남몰래 많은 선행을 베풀었습니다. 어렵고 공부 잘하는 많은 학생들이 그로부터 장학금을 받았으며, 외국 유학 자금을 보태주기도 했습니다. 체육발전연구원 이인철 원장은 "예술가들에게 잠자리와 술밥을 풍족히 대접하고 이들이 그린 그림을 구입해줬다. 또 자신의 그림을 용채用債로 내놓은 경우도 빈번했다. 남몰래 선행도 베풀어 어려운 학생들에게 장학금도 많이 주었다"고 말합니다.

당시 행원에서는 곧잘 진풍경이 벌어지곤 했습니다. 술을 마시고 흥이 나면 지필묵을 바닥에 펼쳐 놓고 서화가들이 앞다투어 글씨와 그림 대결을 벌이곤 했기 때문입니다. 그래서 행원의 다락에는 당대 유명한 서화가들의 그림과 글씨가 차고도 넘친다는 말이 나돌 정도였습니다.

이같은 후원 역할에 그치지 않고 본인도 국전에 15번 입선하는 실력을 보였습니다. 국전 초대작가와 심사위원도 역임했지만 1993년 전북 예술회관에서 개인전을 준비하다 세상을 떴습니다.

잊혀져가는 허산옥

허산옥의 화조화는 근대적 감각이 두드러진 발랄하고 화사한 채색화들입니다. 화가 정직성은 그녀의 그림이 "너무나도 잘 그리지만 난 잘 그린다면서 잘난 체하지 않는 그림입니다. 매화가 아름다운 그림이라는 말을 이해할 수 있게 해준다"고 평가했습니다. 또 미술사가인 김소연은 "거리낌 없는 붓질의 흐드러진 꽃들", "거침없고 과감한 채색"으로 허산옥의 그림을 묘사하기도 합니다.

이런 분위기는 우리 근·현대미술사에서 좀처럼 찾아볼 수 없기 때문에 더욱 소중하다고 할 수 있습니다. 다시 말해 허산옥의 화조화는 우리 근대미술의 독특하고 매력적인 성취인 셈입니다.

그럼에도 불구하고 허산옥은 사후에 거의 잊혀졌습니다.

그녀의 삶과 예술을 회고하는 본격적인 시도는 거의 찾아볼 수 없습니다. 아마도 기생 출신의 여성 화가였다는 점이 원인일 것입니다. 그런 의미에서 허산옥의 예술을 조명하는 일은 '화가로서의 기생', 또는 '여성화가'의 가치를 근본에서 다시 생각해보는 작업이 필요합니다. 이에 미술사가인 최열 선생이 그 일에 앞장서고 있습니다. 그는 여기저기 흩어져 있는 허산옥 작품과 관련 자료들을 수집해 허산옥 연구의 길을 열었습니다.

1970년대 후반까지 전주에는 서화가들이 모여 합작품을 그리는 일이 종종 있었습니다. 송성용 또한 한 달에 한 번 있는 자리에 즐겨 참석하곤 했다고 하는 바, 당대의 화가들에게 풍류를 즐길 수 있는 공간을 제공한 행원의 유산 때문에 가능한 일이었습니다.

현재도 풍남문 옆에 위치한 행원은 남전 허산옥의 뒤를 이어 전북도 무형문화재 성준숙 명창이 꾸려가고 있습니다. 지금의 행원은 전주의 맛과 멋과 소리가 어우러진 풍류를 느낄 수 있는 장소이기로 점심에 보리굴비와 떡갈비 런칭을 준비해 영업을 하고 있습니다.

꽤나 전통있는 많은 한정식 음식점들이 경영난을 이기지 못하여 폐업하여 사라지고 있지만 행원은 시대의 변천에도 불구하고 꿋꿋이 자리를 지켜 오늘까지 이르는 저력을 보여주고 있습니다. 전주한정식의 전통을 이어간다는 사명감으로 고집스럽게 이어가고 있습니다.

행원, 전주한정식의 원조

전주한정식의 원조격인 행원은 1943년에 개업한 이래 전주 맛집의 대표로, 지금까지 명맥과 전통을 이어왔습니다. 이곳은 음식과 함께 예술인 양성을 위한 권번이 이곳에서 창설되면서 운영되어왔던 곳이라고 합니다.

일제강점기 권번 즉 일제강점기에 기생들이 기적妓籍을 두었던 조합들의 교육 과정은 소리, 기악, 춤, 서화, 구연극, 예절교육, 일본어 등의 교육과정으로 치밀하게 이뤄졌습니다.

전주문화재단이 《일제강점기 전통음악 지킴이-국악의 본향 전주》에 의하면 매일신보 1940년 1월 3일자에는 전주 기생들의 근하신년 광고가 실렸습니다. 이전과는 달리, 자신의 외모와 이름을 소개하면서 연예인다운 면모를 보였습니다. 『조선미인보감』에는 신취옥, 장옥주, 송경주, 오산호주, 오채경, 김명옥 등 전주출신의 기생으로 소개됐습니다.

이름	나이	원적	현주소	기예	소속
신취옥	24	전주군	경성부 돈의동	양금, 우조, 남중잡가	한성권번
장옥주	18	전주부	경성부 청진동	남중이요, 승무	한남권번
송경주	19	전주군	경성부 관철동	남중이요, 시조	한남권번
오산호주	20	전주군	경기도 수원군	검무, 경성잡가 등	수원조합
오채경	15	전주군	경기도 수원군	승무, 서도잡가 등	수원조합
김명옥	21	전주군	경기도 인천부	입무, 남도잡가 등	인천조합

『조선미인보감』에 나타난 전주출신 기생

예컨대 1915년 전주의 얘기조합, 1917년 전주퇴기조합, 1923년 전
주 권번이 등장합니다. 매일신보 1917년 7월 15일자에는 다음과 같은
내용이 실렸습니다.

전주 권번 오십여 명 중 일부분은 작년 가을부터 단연을 하는 동시
에 비단 등을 도무지 사지 아니하고 조선 물산을 쓰기로 실행하여 오
던 바, 요사이에 이것을 철저히 실행하자 하여 서약서를 받아 실행 단
체를 조직 중이라 하는데, 이에 발기된 자가 십이 명이요, 지금 취지
서와 규칙서를 기초 중이더라.

행원은 많은 어려움들이 있었지만 전주한정식의 전통을 이어간다는

사명감으로 오늘도 고집스럽게 이어가고 있습니다. 싸늘해진 날씨에 몸이 으슬으슬합니다. 뜨뜻한 구들장에 몸을 뉘어 봤으면 하는 옛 생각이 절로 듭니다.

예스런 풍취가 그리워 찾은 행원 등 전주 한옥마을에서 매일매일 지친 몸과 마음을 잠시 놓고 쉬었다 갈 수 있다면 더 이상 무엇을 바랄 것인가. 지금이라도 허산옥의 그림을 모아 전시회를 갖고 조그만 기념관이라도 마련하는 것, 그것이 작가에 대한 예의가 아닐까요.

스토리로 넘쳐나는 옛집들

전주문화재단이 2015년 11월 5일 책임연구원인 진양명숙 박사의 조사결과 발표를 중심으로 '전통문화도시 조사·기록화 사업' 3차년도 사업을 마무리하는 전문가 간담회를 전주전통문화연수원에서 개최했습니다.

진양명숙 박사는 "한옥마을의 역사문화적 자원을 찾아내고, 그 변화상을 기록하는 작업이 계속되어야 한다. 앞으로 10년 후, 50년 후, 100년 후 전주한옥마을은 중요한 전주시의 역사가 될 것이기 때문이다. 전주한옥마을의 놀라운 변화는 불과 채 10년도 걸리지 않아, 사진을 찍어놓기도 전에, 자료로 정리해놓기도 전에 사라져 버린 것들이 너무 많다. 역사적 자료로 남겨 놓는 것도, 구슬로 꿰어 관광화, 스토리화하는 과정도 중요하다"고 말했습니다. 또, 이번 조사를 통해 전주한옥마을이 더 이상 주거지 중심의 주민 층으로만 이뤄진 곳이 아니라 상인, 예술가 등이 공존하는 문화관광지임을 확인했습니다.

물론 한옥마을에서 주거생활만을 영위하며 살아가는 주민 층에 대한 배려와 정책이 절실하게 요구되는 것은 사실입니다. 한옥마을에 새로이 유입된 주민 층의 대부분은 시설 운영자이며, 20~40대의 젊은 층의 비율도 높은 편입니다. 주민 층의 다양한 이해관계를 절충하면서, 한옥마을 발전을 도모할 커뮤니티를 활성화하고, 결속과 통합을 다질 논의구조가 활발하게 이루어져야 함이 마땅합니다.

2015년 조사기록화 사업은 지난 2년간 전주한옥마을 전수조사에 집중해왔다면, 조사의 방향을 확장해 지금 기록하지 않으면 사라져버릴 이야기들을 길어 올리는 질적조사를 추가, 중점을 두었습니다.

조사기록화 연구팀은 지난 4월부터 현재까지 전주한옥마을의 지명, 역사적명소, 학교 및 교육기관, 인물, 이 집의 발자취, 문화시설, 문화행사, 모임 및 단체 8개 분야에 걸쳐 155개의 이야기를 발굴했습니다. 또 전주한옥마을 내 557개의 상업시설 전수조사를 실시해 상업시설의 전반적 현황과 실태도 파악하고자 했습니다.

2013년 시행한 조사와 비교분석을 위해 한옥마을을 집중적으로 조사했으며, 이를 통해 이전 조사에서 전주한옥마을 상업화의 '실상'을 확인했다면, 2015년에는 2년 동안의 관광 트렌드의 빠른 '변화'를 확인했습니다.

2015년 조사기록화 연구팀이 가장 심혈을 기울인 부분을 꼽자면 35개의 소소한 이야기를 담은 《이 집의 발자취》입니다. 전주 한옥마을에 남아있던 비록 낡고 초라했지만, 나름대로의 역사적 의미를 간직한 주거 공간이 관광지로의 급격한 변화로 인해 주거지가 갖고 있던 모습은

빠르게 지워지고, 세련된 목조 건물로 대체되며 상점으로 변해가는 것이 안타까워 수집 가능한 이야기들을 찾아내려 애썼습니다.

《이 집의 발자취》는 집의 건축과 역사, 집의 구조와 형태, 집과 사람이라는 세 가지 주제로 진행되었고, 연구팀은 조사한 35집의 특징을 압축적으로 설명한 '한 줄 카피'도 뽑아 보았습니다. 이 자료는 훗날 전주한옥마을의 역사문화적 매력물이자 관광스토리 자원으로 활용될 수 있을 것이 분명합니다.

지난 2008년 6월 전주시 한옥마을 스토리 개발 사업 책임연구자 함한희 단장이 있는 전북대 고고문화인류학과 BK21사업단에서 펴낸《전주 한옥마을 구술 열전》을 토대로 현장에 수십 차례 가보았더니 격세지감을 느낄 수 있었습니다.

'우물 좋은 인생 복덕방'은 무슨 일인지 보이지 않았으며, '4대를 이어온 교동 선비집'은 다른 시설로 쓰기 위해 공사 중이었는가 하면 '오교장 댁'은 분명히 사람이 살고 있지만 인기척이 없을 때가 많아 접근이 쉽지 않았습니다. 특히 '들꽃이 가득한 집' 등 거의 대부분의 집들이 보수를 하고 있거나 민박집으로 개조를 한 까닭에 이제는 남은 게 스토리뿐이라는 생각에 절망감마저 들었습니다.

미닫이와 여닫이 등 문이 49개나 되는 '문 많은 집'의 사연이 흥미롭습니다. 진안에 살던 천석꾼 한씨가 자녀 교육을 위해 지은 집이라고 전해집니다. 문이 너무 많아 명절이 다가오면 떼낸 문짝을 하천에 갖고 나가 씻어야 할 정도였다고 합니다. 실제 추석이 되면 문짝을 떼어 전주 천변에 갖고 나가 빨았다고 합니다.

'오목대 사랑채'는 현재 음식점으로 사용하고 있지만 얼마 전까지만 하더라도 골목 안에 꼭꼭 숨어 있던 일반 가옥이었습니다. 전 주인은 남부시장의 '깨배기 할머니'로 유명했습니다. 주복순 할머니가 꾀가 너무 많아서 붙여졌다고 하며, 이 집은 1943년에 지어진 후, 1963년부터 그녀의 가족이 가주하다가 2004년 현 주인인 이보근 씨가 살고 있습니다.

승광재 옆 전주 최부잣집 안에는 김외과 병원이 있었으며 미군정시기 경기전에 놓여있던 고장 난 탱크는 동네 장난꾸러기들의 놀이터였다고 하며, 현 르윈호텔 끝 쪽은 전주여고 기숙사였고 호텔 앞 큰길은 갈납대 밭이었다고 하니, 그 시절을 경험하지 못한 젊은 세대들로선 상상도 되지 않는 전래동화책 속 풍경일 것입니다.

오목대 사랑채

'궁녀의 집'으로 통하는 오교장 댁

오근풍 가옥은 현재 한옥마을에 몇 채 안 되는 ㄱ자 집으로, 지금으로부터 50여 년 전 오근풍 씨가 처음 이 집에 이사 왔을 때에 기와 짙은 흙담으로 둘러싸여 있었고, 넓은 마당 한가운데에는 우물이 있었다고 합니다.

이 집은 세 개의 별칭이 있습니다. 우선, '궁녀였던 여인이 지은 집'이란 별칭이 있습니다. 그 근거를 정확히 알 수는 없지만 조선 말기에 궁녀였던 한 여인이 자기 고향인 전주로 내려와 이 집을 지었다는 데서 유래합니다.

오씨는 이같은 이야기를 박종원 씨로부터 들었다고 합니다. 한때 음식점 '오목채 사랑채' 주인에게 주었다가 다시 찾은 돌은 세 부분으로

오교장 댁

나누어져 있습니다. 가운데 부분 조금 튀어 올라온 지점에 국화꽃잎 여덟 개가 양각돼 있으며, 조금 낮은 양쪽에는 사방 10cm 정도가 음각되어 있습니다. 일반적으로 조선왕조의 문양은 오얏꽃으로 전주이씨를 상징하며 꽃잎이 다섯 개이므로 좀 더 정확한 고증이 필요해 보입니다.

'모과나무 집'이란 별칭은 이 집에 커다란 모과나무가 있었기 때문입니다. 여름에는 그늘이 생겨 동네 사람들의 쉼터였고, 가을에는 풍성한 열매가 열렸습니다. 하지만 안타깝게도 1997년 길이 새로 나면서 베어졌습니다. 오근풍 어르신은 중앙여고교장을 역임한 이후, '오교장댁'으로 불리기 시작한 바, 그가 가장 아끼는 별칭이었습니다.

이 집은 1940년 4월 26일 완공됐습니다. 그는 1963년 이 집과 처음으로 만났습니다. 한옥마을로 처음 이사를 온 것은 1957년 양사재 옆 집이었으며, 그곳에서 7여 년 동안 살다가 150여만 원을 주고 샀다고 합니다. 그의 고향은 고창이지만 이 집에서 50여 년을 살았기에 한옥마을의 산증인이 분명하며, 중앙여고 초대 교장을 지내다가 1985년 정년을 맞아 퇴직했습니다.

교동 선비의 집, 한국 바둑의 메카

4대를 이어온 '교동 선비의 집'은 한시·글씨에 조예가 깊은 한학자가 선비들과 함께 모여 강학을 하고 시를 지어 교유하던 곳으로 만곡 이규석(1877~1942)선생이 지었습니다. 후손들을 위해서 집터로 향교가 있는 교동을 택했다고 합니다. 이 가옥은 1928년에 건립됐으며, 원래는 약 330평의 대지에 안채·사랑채·행랑채·앞뜰·뒤뜰을 고루 갖춘 반가형 주택이었습니다. 주인이 바둑 고수였던 까닭에 조남철·이강일·정동식 등 이 지역 출신의 바둑 명인이 사랑채를 거쳐갔습니다.

그 후손인 한학자 오산 이종림(1901~1981)선생은 한시와 글씨에 조예가 깊었다고 합니다. 이 가옥의 사랑채는 선비들이 모여서 강학을 하며 글을 짓고 교제를 하는 곳으로 유명한 곳이었습니다.

세태에 흔들리지 않고 묵묵히 마을을 지키면서 4대를 이어서 살고 있는 이곳은 선대로부터 내려오는 지조와 청렴의 정신을 잇고 있는 현대판 선비의 집입니다. 현재 한옥 본체에 붙어 있는 2층집 1층에서 민박을 하고 있습니다.

해방 전후에는 국기 칭호를 받았던 유진환, 민중식, 강홍식 등이 교동에 머물렀다고 합니다. 당시 10세 안팎이었던 조남철 씨가 아버지 손을 잡고 부안에서 1년에 7~8차례 전주에 나와 바둑을 두곤 했습니다.

해방된 46년 김창근 씨가 지금 도청 옆 한빛은행 건너편에 전주기원이 만들어지는데 한국 최초의 현대식 기원이 탄생된 것입니다. 이후 서울에 경성기원과 조선기원이 탄생되는데 조남철 씨가 세웠고 모두 전주 바둑에 뿌리를 두고 있습니다.

김수영 7단이 펴낸 《나의 스승 조남철》에서도 이종림 씨 댁 사랑방이 한국 바둑의 산실이었음을 입증하고 있습니다. 식민지시절 조선 팔도의 바둑 고수들이 모인 이곳에서 어린 조남철도 기력을 향상시킨다가 일본 유학을 떠났습니다.

이 같은 바둑의 뿌리가 조남철에 이어 이강일, 정동식, 김수영 씨 등의 프로 기사를 배출하고 이어 이창호라는 세기의 인물을 양산하는 토양이 됩니다. 정영선은 이창호의 바둑 스승으로 전주출신이었습니다.

바둑이 먼저냐 사는 게 먼저냐, 그걸 알면 고수입니다. 사실 바둑이 먼저인지 사는 게 먼저인지는 해답을 찾기가 무척 어렵지만 교동 선비의 집을 지난 많은 사람들은 이를 고민했겠죠. 바둑판 위에 놓인 돌 가운데 처음부터 의미 없는 돌은 없습니다. 하지만 곤마 즉 바둑에서 살아남기 어려운 돌이 많은 세상입니다.

인생이 바둑이라면 첫수부터 다시 두고 싶을 때가 많습니다. 사람들은 누구나 현재까지 이어온 내 발자취에 만족하는 경우가 드물지 않나요. 새로운 인생, 경험하지 못한 세상 혹은 과거에 저지른 일에 대한 후회와 상처를 싸매고 살고 있기 때문입니다.

"인생이 바둑이라면 첫수부터 다시 두고 싶다" 영화 〈스톤〉에서 가장 마음에 들었던 대사입니다. 바둑은 서로가 한 수씩 두는 공정한 게임이지요. 원에서 훈수나 내기 바둑을 두며 하루하루를 별일 없이 살아가던 아마추어 바둑고수가 어느 날 깡패 두목의 바둑 사범이 된다는 내

교동선비의 집

용입니다. 서로 바둑과 인생의 공통분모를 짚어주며, 삶의 목표를 찾으라는 조언을 해 줍니다. 이에 바둑고수는 깡패 두목에게 첫수부터 다시 둘 것을 제안합니다.

이 영화는 바둑을 모르는 사람도 어느 정도 바둑과 인생을 동일 선상에 놓고 우리 인생에서 가치 있는 것을 찾는 것이 과연 무엇인지 어렴풋이 짐작하게 해줍니다. 영화에서 말하려는 바둑이라는 게임은 인생을 돌아보고 한 돌 한 돌을 어떻게 놓아야 하는지에 대해 깊은 성찰을 가져다줍니다.

한옥마을에 바둑체험을 도입하는 것은 어떨까요? 한옥에서의 하룻밤이 전통문화의 체험으로 이어진다면 타도시의 한옥체험과는 차별화될 터입니다. 영화 〈왕의 남자〉를 촬영했던 남양주군의 서울종합촬영소에는 실재 한국 바둑의 요람이었던 '운당여관'을 옮겨 놓았습니다.

서울 비원 앞에 있던 이곳은 명창 박귀희가 운영한 한옥식 여관. 김덕수를 비롯한 수많은 국악인들이 기거했던 이곳에서 조훈현-서봉수의 국수전이 열렸었습니다. 박태건 시인은 전북일보의 기고를 통해 다음과 같이 말합니다.

> 운당여관처럼 전주의 오래된 고택에서 바둑을 두는 경기와 체험을 문화상품으로 연계할 필요가 있습니다. 한옥의 운치를 바둑이라는 상품에 담아 파는 것. 동양문화의 정수가 담긴 바둑체험은 볼거리와 먹거리 관광에서 나아가 느림과 성찰의 경험을 줄 것입니다.

'운치상품'의 개발을 체계화하기 위해선 바둑과 관련한 사회교육프로그램 개발이 시급합니다. 일반인을 대상으로 한 교양강좌를 개발하는 것은 어떨까요. 바둑리더쉽, 바둑조직론 등은 어렵게 느껴지는 인문학을 바둑을 통해 배울 수 있는 자리가 될 것이 분명해 보입니다.

당신, 오늘은 흰돌을 두었나요? 검은돌을 두었나요? 바둑판을 새로 쓸 수 있다면 인생은 많이 달라질까요? 한옥마을에서 바둑 한판 제대로 둘 날을 기약해봅니다.

항아리가 멋스러운 '돌꽃이 가득한 집'

장독대 문양을 오래도록 쳐다보면 이 장독들을 만들던 장인의 모습이 선히 떠오릅니다. 온몸으로 옹기를 공손히 감싸안고 양손으로 문양을 새겨넣습니다. 그만이 깨지는 항아리의 아름다움을 알고 있지 않았을까요.

초정草庭이 있는 이 집은 학인당 막내딸이 시집온 곳으로, 1930년대에 지어졌습니다. 주인 신씨의 시어머니가 바로 학인당 막내딸이라고 진양명숙 박사가 말합니다.

가세家勢가 큰 학인당의 막내딸이 시집오는 것인 만큼, 시어머니는 정말 많은 혼수를 해 오셨습니다. 밥해주는 침모針母까지 딸려서 트럭 두 세대 분량의 살림을 들여보냈다고 하니, 그 규모를 짐작할 수 있을 터입니다. 반지르르하고 큼직한 오동나무 농이며, 이런 저런 가구며, 평생 입고 신을 버선과 토시 등이 이를 말해주고 있네요.

안채 거실에 들어서면, 옛 도구들이 진열된 고풍의 탁자와 마주하게

초정

되는데, 시어머니가 남겨놓은 놋그릇, 장독대, 가위, 칼 등 요새는 잘 볼
수 없는 진귀한 것들이 그득 놓여 있어 그걸 보는 재미가 쏠쏠합니다.

　집안의 구조가 1991년부터 바뀌었으며 기와지붕을 얹었지만 네 면
의 외벽이 모두 양옥처럼 벽돌로 둘러져 있습니다. 초정은 주인 신유순
씨가 한옥마을의 관광 바람을 타고 갑자기 만들어진 공간이 아닙니다.
여기에는 주인 신씨의 삶과 집의 역사가 묻어 있습니다.

　현재 신씨는 예전에 세를 내주었던 바깥채를 관광객이 머무를 수 있
는 공간으로 개조하여 민박집을 운영하고 있으면서 옛 소품들과 자신
이 손수 작업한 도자기를 뜰이 아름다운 이곳에서 팔고 있습니다.

　굴뚝과 장독대가 있는 바로 앞 풍경소리가 제 마음을 마구 흔들어
댑니다. 그래서 민박집의 이름은 '초정草庭'입니다. 이름 그대로 언제나
풀과 들꽃이 그득한, 한옥마을을 찾는 사람들의 사랑스런 보금자리입
니다. 어느새, 그녀의 목소리가 초정 마당에 핀 끝 무렵 수국 사이로 퍼
져 나가고 있습니다.

잠자리 어디가 좋을까

걷는 맛과 체험의 즐거움이 있는 한옥마을에는 현재 700여 채의 전통가옥이 옹기종기 모여 있습니다. 굽이진 길을 따라 천천히 걸어도 한나절이면 둘러볼 수 있습니다. 아파트나 빌라가 많은 주거형태로 자리잡은 이 시대에 고샅길을 둔 기와집은 색다른 정취로 다가오지요.

햇살이 시시각각 기와집 담장을 넘어 대청마루에 부드러운 선을 그립니다. 경기전의 여러 가지 나무들은 질박한 아낙의 겉치마처럼 허리춤을 단단히 여미고 있고, 사이사이 눈에 띄는 하얀 치마가 점점이 수채화를 보듬고 있습니다. 시나브로, 아련한 추억과 소박한 멋이 도란도란 흐릅니다. 시간을 거슬러 뒷자리에 묻힌 골동품을 꺼내보는 즐거움 덤으로 더해져 사분사분 밟아봅니다.

붉은 흙담에 꾹꾹 눌러 박은 검은 기왓장으로 멋을 낸 투박한 승광재 옆 꽃담의 화사한 문양과 담장 너머 가지를 늘어뜨린 눈꽃, 그리고 소리 없이 마당을 거닐며 노는 기품 있는 삽살개의 검은 눈망울마저 정겹습니다.

효자의 집으로 유명한 학인당의 편액이 바람을 달고 있는 지금, 모처럼 짐을 맡기고 가벼운 손가방 하나 달랑 들고 걷자니 절로 신바람이 붑니다. 쌍무지개 떴으니 천상의 복비 쏟아지겠네. 당당한 솟을대문 안에서 흘러간 영화를 맛봅니다. 안채, 큰 사랑채, 작은 사랑채, 별채 모두 별도의 마당이 딸려 있어 지순至純한 자유 깃들었군요.

한옥의 아름다움을 살펴보는 재미 쏠쏠하고, 조용함과 단아함 속에 젖어보는 고택명상 시간 은 오매불망 잊을 수 없습니다. 밤하늘에서 쏟아지는 별과 은하수를 보면서 지난 시절을 반추하는데 한옥마을은 더 없이 좋습니다.

동락원과 양사재의 뒤란을 스치는 겨울 바람에 댓잎 서걱거릴 때, 이윽고 손님들 방에 불이 하나둘씩 꺼집니다. 하룻밤 한 치 두 치의 꼼꼼한 계산으로는 이룰 수 없는 생의 심연으로 가득합니다. 까만 밤 하얗게 사위어가면서 깊고 푸른 꿈 영글어갑니다.

쩔쩔 끓는 전주한옥생활체험관의 구들방에 옹기종기 모여 앉아 감자와 고구마 떡 등을 화로에 구워 먹고 이마저 지루해지면 새끼도 꼬며 천자문 외우기, 사다리 타기 놀이를 하는 사이, 추억이 쌓여만 갑니다. 뜨끈뜨끈한 한옥 구들방에서 하룻밤을 묵다 보면 몸과 마음에 쌓인 걱정거리가 말끔히 지워질 터입니다. 이에 질세라, 내 희망의 부피도 더해만 갑니다.

한옥마을의 고택에 해 떨어지니 하늘 가득 별들이 반짝반짝 사방에서 수런거립니다. 수선스럽던 강아지마저 잠드니 세상은 적막의 바다입니다. 별빛의 영롱함에 고개 숙이니 숨어 있던 그리움 하나, 은은한 달무리 비집고 가슴 한편 외로운 떨림으로 떨어지면서 나도 모르게 흥건히 취해가고 있습니다. 소나무 아래서 백학 한 쌍 깃드는 이곳 한옥마을에서 영원히 살고 싶어라.

전킨선교사를 기념하는 동락원

은행나무길의 '동락원同樂園'에는 근사한 장독대와 단풍나무가 멋집니다. 김대중 대통령 내외와 이명박 전 대통령 영부인 김윤옥 여사, 그리고 최불암 등을 비롯한 많은 사람들이 묵고 갔다는 흔적들이 곳곳에 남아 있군요.

이 집은 삼례의 만석꾼 구암 유영창 씨가 1935년에 지은 80칸짜리의 기와집으로, 당시 돈으로 1만 5백 엔이 들어갔습니다. 1949년 쌀 73섬(80kg 1백 46가마)에 한국은행으로 넘어간 뒤 지점장 사택으로 이용해왔지만 덩치만 고래등 같고 살기에는 불편했습니다. 이같은 사실을 알게 된 조희천 전주 기전대학교 총장이 김완주 당시 전주시장과 한국은행 총재를 설득해 2002년 매입을 해 고친 후 지금의 모습을 갖추게 됩니다.

이 과정에서 1차 공매에 인수대상자가 되지 못해 발을 동동 굴렀지만 이 집을 구매하고자 한 사람이 포기하면서 계약금은 국고로 환수되자 드디어 소기의 목적을 이루게 되는데요, 축구 월드컵 대회가 열리는 2002년엔 사실상 거의 헐값이었다고 합니다, 훗날 김완주 시장이 전주

시가 이 집을 사지 못한 것을 매우 애석하게 생각했다는 후문입니다.

한국은행 관사로 쓰이기 이전에는 전북대학교 학장을 지낸 유성근 교수의 아버지가 아들의 북중학교 입학 기념으로 지금의 대문을 만들어 입학하는 날, 그 문을 열도록 선물했다고 합니다.

이곳은 학생들의 실습교육장으로도, 일반인들을 위한 체험관으로도 활용하려는 목적을 가지고 있습니다. 한복체험, 전주 전통 비빔밥체험, 인절미떡메체험, 소리체험(우리민요, 판소리, 시조), 한지공예체험 등 무엇부터 시작할지 고민이 큽니다. 전주기전대학교 부설 전통문화생활관으로 미국 남장로교선교회가 전주에 들어와 학원선교를 구체화시킨 전킨 W.M.C.Junkin 선교사의 기념관입니다.

그가 활동하던 1895년 당시 전주의 옛 모습을 재현한 2004년 문을 열었지요. 전통 한옥공간으로 방문객들이 방문해 위와 같은 체험의 장이 되고 있습니다. 위치가 한옥마을 주변이기 때문에 볼거리, 먹거리와

데이비드전킨묘

함께 즐길 수 있어 시너지효과가 있다는 장점 역시 가지고 있습니다.

전체 대관은 승독당, 승화당, 청유제, 마당 등 동락원 전체를 대여하는 것으로 모든 체험관을 이용하기 때문에 30명 이상의 단체에 적합합니다. 승독당은 중국의 유명 시조 가운데 "그대와 더불어 나눈 한 시간의 이야기가 10년 동안 책을 읽은 것보다 낫네"라는 말이 있듯이 알찬 대화를 나누고 좋은 세미나와 학술회를 할 수 있는 곳입니다. 청유재는 '맑게 머무는 집'이라는 뜻으로 내 집이 아닌 객사에서 자는 잠자리에서 더욱 옛 선비의 청아한 마음을 느끼고 배우면서 하룻밤을 맑게 잘 수 있는 공간입니다.

동락원의 심볼은 뜰 원園자를 형상화하여 동락원의 전체적인 이미지를 상징하고 있습니다. 바탕을 이루는 5가지 색은 자연과의 조화를 추구하는 것이며 문화전반에 걸쳐 뿌리 깊이 자리하고 있음은 누구도 부정할 수 없는 사실입니다. 색채의 경우도 예외는 아니어서 자연과 우주의 원리에 순응하려는 노력이 음양오행이라는 철학적 근거를 바탕으로 구체화되고 있습니다.

동락원은 '모두가 함께 어우러져 즐기는 뜨락'입니다. 임금이 백성과 고락을 함께할 때 백성의 괴로움은 줄어들고 임금과 백성의 즐거움은 배가되며, 고위 관료들이 백성을 위해 자신의 지위와 학문을 쌓으면, 세상은 더 아름다워질 수 있다는 맹자의 말을 떠올립니다.

세상에 만들어 놓은 모든 시설은 우리 모두가 함께 사용하며 함께 즐기기 위한 것이라는 생각을 할 때 세상은 정말 살만한 세상이 될 것이라며, 동락원은 모두가 함께 즐기고 기쁨을 나누는 곳이라는 데에 의의를 두고 있습니다.

동락원

일찍이 맹자는 『양혜왕장』의 「여민락장」을 통해 함께하는 즐거움, 즉 '여민동락'을 핵심 키워드로 제시했지요. 진정한 즐거움이란 여럿이 함께 즐거워하는 것이며, 이를 주나라 문왕에 비유해 이야기합니다. 그러나 혼자만의 즐거움 즉, '독락'을 추구한 하나라의 폭군 걸왕은 "저놈의 해 언제나 없어지려나. 차라리 저놈의 해와 함께 죽어버렸으면"이란 노래를 들었음을 지적합니다.

백성들이 그와 함께 죽어 없어지기를 바랄 지경이라면 아무리 아름다운 것이 지천이라도 어찌 혼자 즐길 수 있겠느냐고 반문합니다. 때문에 왕이 백성의 즐거움을 즐거워하면, 백성도 왕의 즐거움을 즐거워한다는 것. 이처럼 군민, 상하가 마음을 함께하면 나라는 잘 다스려질 것은 당연합니다.

동락원이 갖는 진정한 의미를 생각하면서 저 멀리 보이는 오목대의 하늘을 바라보고 있습니다. 예수병원 건너편의 선교사 묘역에 잠든 전킨선교사를 생각하면서 십자성호를 긋는 오늘에서는.

선비를 길렀던 양사재

전주향교의 부속건물인 양사재養士齋도 빼놓을 수 없는 공간으로, 『전주부사全州府史』에 다음과 같이 기록되어 있습니다.

전주부 청수정 58번지, 오목대 사우祠宇의 옛터에 있으며, 전에는 성내城內에 있었지만 폐허가 되었기에, 고종 12년(1875)에 판관 김계진

金隆鎭이 이곳에다 재건하고 부내府內 문사文士의 도장으로 삼았다. 이후 향로재鄕老齋(향교 노유생들의 집회소), 그리고 전라북도 공립 소학교로 쓰였으며 지금 그 건물은 민옥民屋으로 남아있다.

　당시 서당공부를 마친 재능 있는 유생들은 생원과 진사시험을 양사재에서 대비했습니다. 하지만 단순히 교육공간으로서만 그쳤던 것이 아닙니다. 설사 생원과 진사시험에 합격하더라도 양사재에서 합격 사실을 알리는 부표附表를 해야만, 비로소 합격사실이 인정될 정도로 당시 선비들에게는 막강한 영향력을 지녔다고 합니다.

　모든 사회제도가 요동치던 대한제국 시절, 양사재도 변혁의 소용돌이 속에 휩쓸리게 됩니다. 고종황제의 교육입국 조서가 발표되던, 1897년 7월 10일 양사재도 마침내 전주초등학교라는 근대식 교육기관으로 탈바꿈됩니다. 또 한국동란 직후인 1951년부터 1956년까지는 전북대학교 문리과대학의 전신인 명륜대학의 사택지로 사용되면서, 당시 문리대학장으로 봉직하고 있던 가람 이병기 선생이 기거하게 됩니다.

이때 가람이 이곳에서 시詩도 짓고 난초를 기르면서 문사文士들과 담론을 즐겼다고 하니, 애초부터 양사재는 문향文香 그윽한 터전이었나 봅니다. 신석정, 김해강, 백양촌, 최승범 시인과 만났으며, 박준규, 정인승, 이광열, 박길진, 장순하, 김남곤, 고형곤, 조병희, 김상기, 문선규 등 문화예술 인사들치고는 이 집의 문턱을 넘지 않은 사람들이 없었습

양사재

니다.

현재의 '문화공간 양사재'로 거듭나게 된 것은 2002년입니다. 전주한옥마을이 자리를 잡기 시작하면서부터 전주향교로부터 장기임대를 받은 젊은이들이 양사재를 보수했습니다. 이제 양사재는 단순히 전주향교의 부속 배움터에서 전국각지에서 몰려드는 젊은이들의 다양한 다목적 문화공간이 되었습니다.

때로는 고즈넉한 한옥의 원형을 되살린 한옥민박 체험공간으로서, 때로는 야생차 체험공간으로서, 그리고 또 때로는 전주한옥마을을 찾는 문화예술인들의 교류공간으로서, 지금 그 어느 때보다도 알뜰살뜰하게 활용되고 있습니다.

양사재에 들르면, 우선 낮은 대문 안으로 머리를 숙이고 들어가면서 '나'를 낮추는 겸손을 배울 것이고, 곧이어 빙그레 웃으며 다가오는 주인장에게서 한동안 잃고 살았던 고향 냄새를 맡을 수 있습니다. 또 그의 안내에 따라 걸터앉은 툇마루에서 차 한 잔을 홀짝이다 보면, 문득 잊고 살았던 고향의 추억과 만나게 됩니다.

그리고 다음날 날이 밝으면, 기둥마다 걸려있는 주련을 더듬어 보는 재미도 쏠쏠합니다. 한쪽에는 양촌陽村 권근權近이 지은 시 〈전주회고全州懷古〉의 수련이 있고, 가람이 거처했다는 방의 두 기둥에는 중국 당나라 말기의 설능薛能이 지은 시 〈유제留題〉의 수련이 걸려 있습니다. 발걸음을 멈추고 양촌의 시부터 읊조려보면 이렇습니다.

거진巨鎭이 남북으로 갈리니
완산完山이 가장 기이하도다.

천년 동안 왕기가 서려 있더니

일대의 큰 기氣를 열었네.

다음은 설능의 시입니다.

차 한 잔에 절로 시심이 일어나

한 잔 들고 시 한 수를 또 읊는다.

비록 시대는 달랐지만, 양사재에서 공부하며 품었던 당시 젊은이들의 재기발랄한 기상을 바로 어제 일처럼 만날 수 있었습니다.

집의 기본틀은 'ㄱ'자 구조로, 주춧돌에 사모기둥을 올려 처마를 받치고 팔작지붕을 덮은 전형적인 한옥 양식입니다. 특이한 점은 조선시대 유생과 선비들의 기숙 공간이었던 3개 방의 방문이 천장으로 들어올리는 분합문으로 되어 있으며, 방문을 모두 열면 하나의 공간이 됩니다. 그래서 주로 소규모 모임이나 세미나, 다도 체험 공간으로 사용하고 있습니다.

손님들이 묵어갈 수 있는 공간은 1980년에 지은 'ㅡ'자 구조의 한옥입니다. 내부는 깔끔하고 아늑하며, 가구나 실내 장식을 간소하게 꾸며 놓아 선비방 특유의 검소함이 느껴집니다. 이곳에는 군불을 때는 구들방과 일반 온돌방이 있는데, 구들방에서는 다도 체험을 진행하고 있습니다. 하지만 2015년부터는 구들방 체험이 사라져 아쉽기만 합니다. 집 뒤쪽에 야생 녹차 밭이 있으며, 이곳에서 나는 찻잎을 따 주인장이 직접 볶은 차를 맛볼 수 있습니다.

난초와 시, 술을 좋아했던 시조시인 가람 이병기 선생이 살았던 양사재에는 여전히 그의 흔적이 남아 있습니다. '가람다실嘉藍茶室'이라는 현판이 걸린 방은 그가 서재로 사용하며 집필을 했던 공간으로 그의 집필 모습이 담긴 사진도 볼 수 있습니다. 자연을 글로 생생하게 묘사해 남다른 감각을 선보인 가람 이병기 선생에게 이곳은 창작 공간을 넘어 작품에 영감을 준 곳이라 합니다.

양사재 마당 한쪽에는 우체통이 마련되어 있는 바, 방문한 손님들이 손편지를 써서 넣으면 주인장이 우편으로 보내줍니다. 덕분에 이곳을 찾는 손님들이 툇마루에 앉아 편지를 쓰는 광경도 종종 볼 수 있습니다. 많은 선비들이 이곳을 찾아 향긋한 기운을 담아가기를 바랍니다.

궁중 건축 양식이 도입된 학인당

전주 한옥마을의 대표적 건물인 학인당은 조선 고종 때 승훈랑 영릉 참봉에 임명된 인재忍齊 백낙중白樂中 선생의 옛집입니다. 1905년부터 2년 8개월 동안 백미 8,000가마의 공사비와 4,280명의 공사 인원을 투입해 1908년에 완공했습니다.

백낙중은 효자로 이름난 사람으로 돌아가신 뒤에 이를 기리기 위해

학인당

대문에 '백낙중지려白樂中之閭'라고 쓴 현판을 걸었습니다. 집 이름은 호
인 '인재忍齋'에서 '인忍'자를 따 '학인당學忍堂'으로 지은 것이라 합니다.

당시 일류 건축가들이 지은 한식 기와집으로 지붕 처리가 흥미로운
바, 지붕 끝부분의 둘레를 동판銅板으로 싸 비바람을 막게 했습니다. 궁
중 건축 양식이 민간 주택에 도입된 전형적인 예가 되고 있으며, 해방
이후에는 백범 김구선생을 비롯한 정부 요인들의 영빈관으로 사용되었
던 곳이기도 합니다. 한국전쟁 때는 공산당도당위원장이 점거해 사용
했던 곳으로 역사의 부침을 함께 해왔습니다.

지금은 백낙중의 4대 종손인 백창현 씨와 그의 아들 백광제 등 직손이 직접 거주하면서 공연·세미나·연회 및 한옥체험 등 전통문화 프로그램을 운영하는 전통문화체험시설인 '문화공간 학인당'으로 고유전통문화를 계승 보급하고 있습니다.

예술에 조예가 깊었던 백낙중은 특히 판소리를 좋아하였는데, 대사습 경연이 중단된 사실을 매우 안타까워했다고 합니다. 판소리 대사습 경연은 조선말 전라감영과 전주부 관료들이 주관하여 열리던 행사로, 일제강점기에 접어들면서 중단된 것입니다. 이때 자신의 집인 학인당의 대청을 소리꾼들에게 제공해 판소리 공연 공간으로 활용할 수 있도록 만들었다고 합니다. 임방울, 박녹주, 김연수, 박초월, 김소희같은 명창들이 수시로 들락거렸습니다.

판소리 공연을 염두에 두고 지은 본채는 우리나라 최초 오페라 극장으로, 구조가 판소리 공연을 할 수 있도록 7개의 들보를 사용한 '칠량 七樑집'의 2층 높이에 가까운 높은 천장과 100여 명의 청중이 모여 명창들의 판소리 공연을 관람할 수 있도록 보통 한옥 3채의 크기인 76평 35칸집으로 대청을 중심으로 좌우 세 개의 방문을 들어올리거나, 철거하는 방식의 넓은 실내 공간이 있는 구조로 설계됐습니다.

평소에 응접실로 사용하는 대청마루는 공연이 계획되면 소리 공연장으로 변신을 꾀합니다. 넓은 대청과 높은 천장으로 설계된 학인당은 위와 옆으로 퍼지는 소리를 막아줘 음향의 질을 결정하는 잔향의 효과를 얻을 수 있는 당대 최고의 소리 시설이라는 사실을 반드시 기억해주세요.

학인당의 정원에는 건축 당시 우물이었던 자리에 돌을 쌓아 만든 땅샘이 있으며, 효의 정신이 고스란히 깃든 종가의 상차림을 받는 가운데 본채, 별당채, 사랑채 등 품격있는 고택에서 역사의 숨결을 느낄 수 있습니다.

비둘기 모양의 장식이 고운 풍남헌

풍남헌

풍남헌은 1934년 가옥이 신축된 이후로 두 차례 주인이 바뀌면서 줄곧 가정집으로 사용되어 왔습니다. 당초는 한모씨가 이 가옥을 소유하다가 1979년에 황모씨로 소유권이 이전되었고, 2004년에 탁준상 씨가 집을 매매하면서 '풍남헌'으로 이름을 지었습니다.

탁씨는 풍남헌 처마에 달려있는 비둘기 모양의 장식이 마음에 들어 집 주인이 가옥을 매입하였다고 합니다. 당시 한옥마을 일대 집의 대부분은 비둘기 장식이 없이 희盒자만 달랑 있었기 때문입니다.

풍남헌은 전통한옥 고유의 고풍스러운 풍경을 자랑합니다. 풍남헌으로 개축할 때 곡선을 살리기 위해서 기와 와공도 놀랄 정도로 상당한 양의 적심이 들어갔다고 합니다. 또한 지금은 구할 수 없는 특수한 목재와 기와를 사용해 고풍스러움을 한층 더 강화했습니다. 현재는 다도예절과 녹차 만들기 체험을 할 수 있는 전통 다원 및 한옥체험공간으로 바뀌었습니다. 밤하늘 쏟아지는 별과 은하수를 바라보면서 풍남헌에서 하늘을 나는 꿈을 꾸어 봅니다.

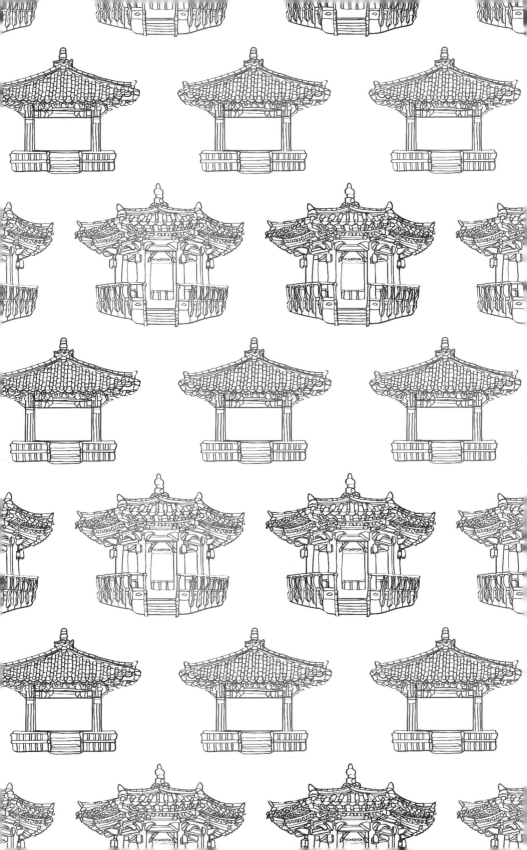

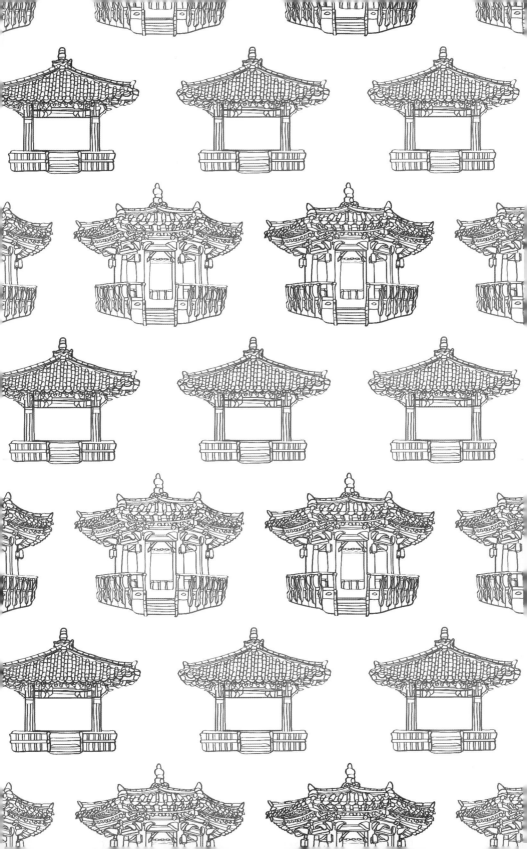